北海道

▲ヒロキおじいちゃん99歳の誕生日。白寿を祝って親戚が集まりました。

◀足腰が弱くなっているので、ちょっと長めの散歩は車いすで移動。

おじいちゃんは甘くて、 柔らかい食べ物が大好き。

僕のおじいちゃんは 99歳。 毎日がサプライズです

お笑い芸人
芦名秀介
Syusuke Ashina

KADOKAWA

はじめに

僕のおじいちゃんは、現在99歳。名前は芦名ヒロキ。かなりの高齢ですが、すごく元気。周りの人からも「お前ん家のおじいちゃん、歳のわりには元気すぎるだろ！」と驚かれています。実は、数年前まではひとりで自転車に乗っていました。

ただ、２０２２年に脳梗塞で倒れたことをきっかけに要介護３（自力での立ち上がりやスムーズな歩行が難しく、トイレや入浴、着替えなどの身の回りの介護が必要な状態）になりました。それまでは完全在宅でしたが、現在は週３日デイケアサービスに通っています。そのため僕が家でおじいちゃんを介助する機会がぐんと増えました。

とはいえ、現在のおじいちゃんはよく食べ、よく寝て、普通におしゃべりも楽しめます。99歳でしかも要介護3とは思えないほど元気！　自分で食器も洗うし、料理だってします。とてもパワフルに暮らしています。

要介護3になったものの、僕の介助は必要最低限。おじいちゃんが自分でできることには、あえて手を出さないようにしています。

この本では、おじいちゃんのエピソードに加え、僕が実践していることや考え方について紹介していきたいと思っています。

孫とおじいちゃんとのふたり暮らし動画が大バズリ

ここで、孫である僕のことについて簡単に自己紹介させていただきたいと思います。僕の名前は芦名秀介。現在、YouTubeで「あしなっすの1週間」というチャンネルを運営しています。ちなみに「あしなっす」というのは僕のニックネームです。

このチャンネルのウリは何といっても祖父・ヒロキおじいちゃんの存在。99歳のおじいちゃんと孫である僕とで、ただお昼ご飯を食べているだけというような何気ない日常生活を配信しているのですが、おじいちゃんのお茶目な笑顔とクスッと笑える発言などに「見ているだけで癒やされる」「思わず笑ってしまった」「幸せな気分になる」と多くのフォロワーさんから温かいコメントをいただいています。

と、ここまで書くと僕の職業がユーチューバーだと思われる方もいるかもしれませんが、それはちょっと違います。

僕の本業は吉本興業所属のお笑い芸人。「デカダンス」というコンビで活動しています。とはいえ、芸人としての知名度はまだ低く、小さな劇場でのお笑いライブに出演したり、時どきテレビでレポーターをやったりしている程度。正直芸人だけの収入では生活できない状態。駆け出しのころは飲食店などでバイトをしながら生計を立てていました。そして4年前から、180㎝以上の人を対象としたアパレルブランド

「ＢＥＥ」を立ち上げ（なぜなら僕の身長が１８０cm以上あっていつも洋服選びに苦労していたからです）、その収入で生活していました。

そんないろいろなことに手を出していた僕がおじいちゃんとの生活を動画で配信し始めたのは今から約3年前。

世界中にダメージを与えた新型コロナウイルス感染症により、劇場でネタを披露することができなくなっただけでなく、ステイホームの影響でアパレルの売上もガタ落ち。暇な時間がたっぷりあったことから２０２０年2月、何気なく僕とおじいちゃんの食事風景動画をＴｉｋＴｏｋで配信したらまさかの大バズり。30万回再生を記録。

お箸にのせたお米が口に運ぶ前にポロリと落ちたのに、口をモグモグさせながら「この場所行ったことあるなあ」とテレビに話しかけているおじいちゃんの姿が「カワイイ」「癒やされる」「心がほっこりする」と高評価を得ることに。

その後もおじいちゃんとの何気ない日常を配信すると、どれも高い再生数を記録していきました。

２０２３年4月20日現在、チャンネルフォロワー数はお陰さまでに26万人に達しています。

ただ、僕がＹｏｕＴｕｂｅを始めたのはＴｉｋＴｏｋで大バズりしてから4か月後の２０２０年6月のこと。ＹｏｕＴｕｂｅ開設当時はおじいちゃんとの動画ではなく、地元のグルメを紹介する動画を配信していました。僕の中で何となくＴｉｋＴｏｋとＹｏｕＴｕｂｅとで住み分けをしたいと考えていたところがあったからです。

ところが、ＴｉｋＴｏｋのフォロワーさんから「もっと長いバージョンのおじいちゃんの姿が見たい」という声が増えいったことなどから、ＹｏｕＴｕｂｅでもおじいちゃんとの動画を配信することに。するとそれまでフォロワー数６０００人ほどだったチャンネルが、おじいちゃんとの動画を配信したことで一気に、2万、3万と増え、気がつけば26万を超えるほどの人がフォローしてくださるまでに成長しました。まさにヒロキおじいちゃんパワーです。

SNSで変化したおじいちゃんとの接し方

おじいちゃんとの暮らしをSNSで投稿するようになってから、僕の生活はだいぶ変化していきました。動画撮影を通じておじいちゃんと一緒にいる時間が長くなり、今までにないくらい密な関係になりました。

また、おじいちゃんは基本元気といっても99歳の高齢者で要介護3。一緒に暮らしていると不安になることや、「こういう場合はどうしたらいいのだろう?」と悩むこともあります。そんなときフォロワーさんからの「こうしたらいいですよ」「自分もこんな経験しました」といったアドバイスに助けられています。SNSを通じて自分ひとりではなく、いろいろな人がサポートしてくださり、応援してくださることを実感できました。

そして、介護士として働いている後輩芸人・内田うっちーのサポートや一緒におじいちゃんを世話してくれるおばさんの存在はとても大きなものになっています。

要介護3のおじいちゃんとのふたり暮らしでも自分らしくプライベートも楽しみながら生活できているのは、こうした多くの人の支えがあるからだと思っています。

もちろん、こうした暮らしができているのは、基本おじいちゃんが元気だということが大前提ですが、その中でも、フォロワーさんから教えていただいた介護のヒントや僕がおじいちゃんとの暮らしの中で考え、実践したことなどを紹介することで、少しでも誰かの役に立てたら良いなと思っています。

2023年4月

芦名秀介

デザイン　山田知子＋門倉直美（chichols）
撮影　篠塚ようこ
イラスト　うのき
DTP　三光デジプロ
校閲　麦秋アートセンター
編集協力　堀越 愛
企画・編集　根岸亜紀子（KADOKAWA）

CONTENTS

第2章

人生いろいろ、ヒロキおじいちゃんヒストリー

第3章 毎日がサプライズ YouTubeが変えた生活

第4章

介護士芸人うっちーと対談！ こんなときどうする？ 介護のQ&A

第1章

要介護3だけど、ヒロキおじいちゃんはとっても元気！

僕は99歳のおじいちゃんとふたり暮らし

羽田空港に近い神奈川県川崎市の一角にあるちょっとレトロな一軒家。そこに僕はおじいちゃんとふたりで暮らしています。おじいちゃんの名前はヒロキ。2023年4月の段階で99歳です。僕の父は3人姉弟の末っ子で長男。母と結婚し、両親と同居。そのため僕は母のお腹にいたころからおじいちゃんとこの家で過ごしています。子どものころは、おじいちゃんとおばあちゃん、父、母、2歳上の兄、僕の6人家族で過ごしていました。

僕とおじいちゃんのふたり暮らしが始まったのは今から約12年前。

両親は僕がまだ学生のときに他界しています。母親が亡くなったのは僕が中学3年生のとき。

母はなんでも前向きにとらえる頑張り屋で、僕は母から勉強の楽しさを教えてもらいました。子どものころ、添削指導型の通販教材があったのですが、その問題を解く前の準備運動として、母が毎回オリジナルの問題をつくってくれました。まず母のつくった問題を解き、正解すると「すごい、これが解けるんだったら、次の問題も大丈夫だね」と僕のやる気を刺激しながらサポートしてくれました。良い点数をとると母が喜んでくれるので、僕は勉強にどんどんのめり込んでいきました。ある日、予備校の模試を受けてみたところ、東京大学や早稲田大学などを目指すような猛者たちの中でぶっちぎりの1位に。そのため、中学時代の僕は自分のことを天才なんじゃないかと思っていました（笑）。


ところがある日、母が突然倒れ2階の部屋で寝込むようになったのです。大学病院で検査したときにはもう末期のすい臓がんで完全に手遅れの状態でした。

我慢強い人だった母は抗がん剤で意識がもうろうとしていた状態でも、看護師さんに「息子さんが来ましたよ」と言われると、手をギュッと握って話してくれる人でした。きっと子どもに心配させたくなかったのだと思います。

母が亡くなり、しばらくしたころ父が急に身体の不調を訴えはじめました。身体が頑丈でとにかく厳しく、怖い存在だったはずの父がどんどんやつれていき、病院で診断されたのは母と同じすい臓がん。1年前に母親を亡くしたばかりだというのに、その翌年には父が母と同じ病魔に侵され他界したのです。立て続けに弱っていく息子やその妻をかいがいしく看病していたのはおじいちゃんでした。

さらに同時期におばあちゃんの認知症が進行し、日常生活もままならない状態に。そんな辛い状況に耐え介護し続けていたのもおじいちゃんでした。

その後兄が就職し家を離れることになり、6人で暮らしていた家に残ったのはふたり。気がつくと僕とおじいちゃんのふたり暮らしになっていました。

厳格な父と優秀な兄

僕には父との楽しい思い出があまりありません。高校卒業と同時に全日空のグランドスタッフとして働いていた父はとにかく厳格。テレビで野球中継しているときは喋ってはいけない。テレビを観て笑うのも、父が笑ってからというような状況。背も高く、ガタイのいい父はとにかく怖い存在でした。父との思い出といえば、羽田空港に家族みんなでよく迎えに行ったことくらい。そのときは必ず、おじいちゃんが大きなワゴン車を運転してくれました。

2歳上の兄は超がつくほど優秀な人間。勉強だけでなくスポーツも万能。慶應義塾大学に進学し、アメフト部の主将を務めていました。

両親が亡くなってからの兄は「自分が稼いで家族を支える」という強い思いから、エリート街道を走り続けているような人です。

大学卒業後は大手広告代理店に就職しコピーライターとして活躍。その後大手外資系生命保険株式会社に転職しトップクラスの営業成績を記録。退社後に渡米し、エンターテインメントの世界で活動。現在はスポーツジム関連の会社を経営しています。なにをやってもすべてをこなしてしまうスーパーマンのような人。おじいちゃんにとっても自慢の孫です。僕も兄に憧れて慶應義塾大学に進学しました。

高2で留年した僕におじいちゃんが放った言葉

僕は高校2年生のときに留年しています。勉強の楽しさを教えてくれた母親のおかげで高校は進学校に入学しました。ただ中3で母親、高1で父親を亡くし、精神的なダメージもひどくなっただけでなく、いざ進学校に入学してみたら、同級生はみんな優秀な人ばかり。中学時代「自分は天才」と思っていた僕の勘違いはあっという間に消えてなくなりました。しかも入学した高校にあったのは最下位から40人は必ず留年するというかなり厳しいシステム。最初のテストは40点。全然太刀打ちできないし、みんなにどんどん抜かされていく。精神的に落ち込み、学校に行かなくなり、期末テスト前にはいっさいの勉強をしなくなりました。もちろんテストはほぼ0点。高校2年で留年が決定しました。

その状態を見た兄は、僕に当時の高校の1年分の学費113万円を手渡し「数えろ」と言ってきました。そして「お父さんとお母さんが遺したこのお金をお前は無駄にしたんだ」と言われました。この言葉は心に重く響き、自分のしてしまったことのおろかさに気づかされました。

このときおじいちゃんから投げられたのは「頑張ろう」とか「大丈夫」といった励ましではなく、「頑張れよ、恥ずかしいよ」という痛烈な言葉でした。

これはおじいちゃんなりの叱咤激励だったのだと思います。

今思えば、僕とおじいちゃんの人生は、結構波乱万丈。戦争まで経験しているおじいちゃんは人生の荒波を乗り越えまくっているので、ちょっとやそっとのことではへこたれません。

99歳で要介護になっても、元気に暮らせていけているのは、今までの人生で培った強靭さがあるからなのかもしれません。

99歳、ヒロキおじいちゃんの日常

僕とおじいちゃんのふたり暮らしが始まったのは、2011年春。当時僕は大学2年生で、おじいちゃんは87歳。このときですでに90歳近いですが、僕には「高齢者と暮らしている」感覚がまったくありませんでした。

というのも、おじいちゃんは基本的になんでもひとりでできたから。おばさん（おじいちゃんの娘たち）が頻繁に様子を見に来てくれていたとはいえ、料理、洗濯、風呂など日常生活のほとんどは自分だけでこなしていました。

正直、当時の僕にとっておじいちゃんは「1階に住んでる人」くらいの感覚（僕は2階に自分の部屋があって、いつもそこで過ごしていました）。高校生くらいから一緒に食事をした記憶はないし、何日も会話しないのが普通だし、おじいちゃんが何歳なのかも知らないような状態。2020年にYouTubeを始めたことで接する機会が増えたことと、その後のおじいちゃんの入院で介護に携わるようになるまで、完全に無関心だったのです。

現在、おじいちゃんは週に3日デイケアサービスを利用。そのほかは毎日家で過ごし、週に5日は次女（通称「やっちゃん」）。何度か登場するので、覚えておいてください）、週に2日は長女が夕飯をつくりに来てくれます。でも、今もっとも一緒に過ごす時間が長いのは僕です。日常で介助が必要なときは基本僕がサポートしています。

おばあちゃんの認知症が悪化して施設に入った2008年ごろから、身の回りのほぼすべてをひとりでやっていたおじいちゃん。99歳となった今はさすがにできないことも増えたけど、まだまだ元気です！　おじいちゃんがどんな日常を送っているのかを紹介したいと思います。

お味噌汁づくりはおじいちゃんの担当

おじいちゃんの1日が始まるのは、午前6時半ごろ。起きたらトイレに行き、その足で台所へ。洗顔・歯磨きをします。身だしなみを整えるのはおじいちゃんの日課。毎朝髪の毛に水をつけて寝癖を整えます。長年の習慣で、「危ないからやめて！」と言っても髭剃りは欠かしません。

ちなみに、僕は毎朝7時ごろに起きます。ベッドでゴロゴロしながら、見守りカメラで台所の様子をチェック。今日もおじいちゃんは元気だなぁ、と思いながら1階に下ります。

おじいちゃんは仏壇に線香をあげることも、忘れません。口癖は「自分が生きていられるのは、先祖のおかげ」。ご先祖様をとても大事にしているのです。ちなみに、95歳を超えてからも自転車で20分ほど走り、お墓参りに行っていました。

ご飯をお供えしたら、朝食づくりがスタート。おじいちゃんは、今でも自分で朝食をつくります。ご飯を炊いたら、朝定番の味噌汁づくりを開始します! 前日に準備しておいた野菜を鍋に入れて、ぐつぐつ強火で煮込むのがポイントです。

実は、この味噌汁がおもしろいんです。同じ味になることはまずありません。なぜなら、おじいちゃんはその日の気分で醬油を入れたり味噌を足したりと、独自のアレンジを加えるから! ただ最後は必ず鍋に生卵をぶち込み、野菜たっぷりのオリジナル味噌汁が完成です。

2年ほど前、味噌汁でとある事件が起きました。その名も、「タルタルソース事件」。

ある日、タルタルソースをつくり冷蔵庫に入れておいた僕。

「明日のお昼ご飯に使おう」と思っていたのですが、翌日冷蔵庫を開けると……タルタルソースがない! おじいちゃんに聞くと、なんと「味噌汁に入れたよ」と答えが。

味噌汁にタルタルソース!? 想像できない組み合わせに思わず「なんで!?」と聞くと、

「どうなるかなぁと思って」とおじいちゃん。タルタルソースを舐めてみたら美味しかったので、入れてみたらしいのです。

味噌汁とタルタルソース、合うわけがない！　と思いつつ食べてみたら……なんと、めちゃくちゃ美味しい！　好奇心旺盛すぎるおじいちゃんのおかげで、僕も「味噌・卵・マヨネーズの組み合わせは相性が良い」と新発見できました。

規則的な毎日でも相撲は別格！

朝食や昼食の後、おじいちゃんは必ず新聞を読みます。一緒にニュースを観ていると、世の中で起きていることへの理解度の高さにいつも驚かされます。「この事件たいへんだなぁ」など、新聞を読んでいるからこその反応が返ってくるのです！　長く覚えておけるかは別として、今なにが起きているのかはしっかり把握しているのだと思います。

新聞を読んだらお昼寝をして、16時ごろに起床。翌朝の味噌汁のために、野菜を自分で切ります。最近はやらなくなりましたが、少し前までは大根も自分ですりおろしていました。

おばさんたちが夕飯の準備にやってくるのが、毎日18時ごろ。夕飯を食べ終わると、一緒にテレビ観賞。動物が出てくる番組が好きで、よく笑いながら観ています。

おばさんが帰宅し、おじいちゃんが就寝するのは20時半ごろ。起床から就寝まで、毎日規則的な生活をしています。

ただ、そんなおじいちゃんがなによりも優先するものがひとつだけあります。それは、相撲。

大相撲のシーズンに限り、おじいちゃんの1日は変則的になります。毎日16～17時ごろには翌朝に向けて野菜を切るのが日課なのに、シーズン中は相撲が優先。中継が終わるまで、テレビに釘付けになっています。

99歳、食への探求が止まらない！

おじいちゃんは料理にだいぶやりがいを感じているようです。一緒に食事をしていると、たまに「これ俺がつくったんだ！」と言ってきます。こう言ってくるのは、確実に自信があるメニュー。確かに、おじいちゃんが自慢する料理は僕が食べても美味しく感じます！

おじいちゃんがよくつくるのは、ピーマンと茄子の炒め物。同じ味に飽きたのか、先日はかまぼこを投入していました。具材を足したり、調味料を加えたり……創作料理をするのが楽しいようです。僕がつくった料理を気に入ってくれて、再現しようとして大失敗したこともあります（笑）。オリジナル味噌汁をつくることからも分かるように、食に関してはけっこう探求心があるみたいです。

おじいちゃんがすごいのは、出された食事をちゃんと食べること！　僕がつくったものに対して平気で「まずい」とか「味が薄い」とか言いますが、味を理由に「食べたくない」と言ったことはありません。今でも、お茶碗1杯分はご飯を食べることができています。

ただ、おじいちゃんに「好きな食べ物は？」と聞いても明確な答えは返ってきません。分かっているのは、硬い食べ物が苦手なこと。アワビなどの高級食材でも「まずい！」と言います。

逆におじいちゃんが「好き」と言うのは甘いもの！　どんなにお腹いっぱいでもスイーツは別腹なのか、お饅頭やケーキがあるとうれしそうな顔をしてペロッと食べてしまいます。

以前は、なんとヨーグルトに付属されていた砂糖もそのまま食べていました。ある日僕がヨーグルトを食べようとしたところ、付属の砂糖が見当たらない！　知らぬ間に、おじいちゃんに食べられてしまっていたのです……。現在は砂糖付きのヨーグルトが販売終了しているためそんなことありませんが、以前はおじいちゃんに砂糖を食べられてしまうのが日常茶飯事でした。

お気に入りはマックシェイク！

お医者さんいわく、サンプル数が少ないため「99歳に○○を食べさせてはいけない」という統計はないそう。ということで、「高齢者にそんな脂っこいものを……」と言われそうだけど、2か月に1度はマクドナルドのハンバーガーも食べます。特におじいちゃんは、フィレオフィッシュが大好きなんです！

初めてマクドナルドでハンバーガーを一緒に食べたときは、おじいちゃんの〝食への探求心〟に驚かされました。

シェイクを渡したところ、甘いもの好きのおじいちゃんは「美味しい！」と大喜び！特にストロベリー味が気に入った様子。シェイクをストローで飲めていること自体も驚きですが、さらにすごいのが「シェイクにポテトを浸す」という食べ方に、自力で辿り着いていたこと！　さすが、味の探求心が強いおじいちゃんです。

ちなみに、何回飲んでも美味しいようで、シェイクを買ってくると毎回テンションが上がっています（笑）。

シェイクは初回から大好評でしたが、ポテトはなかなか手を付けませんでした。ひとくち食べて「美味しくないなぁ」とボヤくので「無理して食べなくて大丈夫だよ！」と声をかけたのですが……ふと気付くと、テレビを観ながらつまんでいるのです。「食べてるじゃん！」と指摘すると、「あったら食べちゃうんだよな〜。美味しいなぁ」とおじいちゃん。素直じゃなくて茶目っ気があるところが僕は大好きです。

おじいちゃんの食生活に見る、長寿の秘密

芦名家の冷蔵庫には、必ずイワシ・トマト・キウイが入っています。おじいちゃんは、トマトとキウイを一緒に食べるのがお気に入り。僕には信じられないけど、白米と一緒に食べていることもあります（笑）。

また、ほぼ切らしたことがないのはピーマン・茄子・玉ねぎ・ジャガイモ・ニンジン。食卓に野菜が並ばないことはありません。


調べてみると、おじいちゃんが口にしている食べ物はすべて健康に良いものばかり。たとえばトマトには中性脂肪値を改善する働きがあると言われています。また、イワシはカルシウムたっぷり！

毎朝食べている味噌汁も、具材にしているのはキャベツやキノコ類など栄養豊富なものばかり。さらに「寝起きであたたかいものを身体に入れると、内臓が元気になる」

と言われているそう。よく飲んでいる緑茶にも、利尿作用があり血流が良くなるという効果があるらしいです。

なんでこんなにも、健康に良いものばかり食べるのか、偶然好きな食べ物が健康に良かったのか不思議に思った僕は、ある日おじいちゃんに聞いてみました。「好きだから食べてるの？」と。すると答えは「好きじゃない！」のひと言。

好きでもないのに、なぜ食べ続けているのかと話を聞くと、「前にテレビで観たから」と言うのです。テレビで見聞きした情報を取り入れて、それを実行し続けているおじいちゃんは、口にこそしませんが実はちょっとした健康オタクなのかもしれません。

なにはともあれ、おじいちゃんを見て、日々の食習慣が健康に直結するのだと実感しました。

おじいちゃんが倒れた！変わる僕たちの日常

ここまで紹介してきたように、おじいちゃんは本当に元気！　自分で料理をして、大好きな甘いものを食べて、たまに僕と口論して……99歳ながら、そんな健康的な日々を送っています。

でも、おじいちゃんは2022年春に脳梗塞で入院しています。これを機に、一時期かなり状態が悪化。認知症の症状が進み、現在はトイレ・入浴・服の着替えなど、日常生活での介護が必要になる「要介護3」の状態です。倒れてから半年ほどは、僕も精神的に追い詰められ「もう一緒に家で暮らすのは無理かも」と思うほどでした。

フォロワーさんを信じて命拾い

最初に異変が起きたのは、２０２２年3月26日。おばさんが夕飯の準備をしているときのことでした。気がつくと、おじいちゃんが冷蔵庫の前に立ち尽くしているのです。おかしいなと思いつつも、おばさんが帰るときにはいつも通りになっていたので安心して帰宅。

そして翌朝。おじいちゃんはひとりで外出し、転倒。倒れているところを通りがかった方が発見し、通報してくださいました。救急隊が到着したとき、おじいちゃんは名前や住所を言えない状態。かろうじて電話番号だけは言えたようで、僕に連絡が入りました。このとき、おじいちゃんは、「大丈夫」「病院は行かなくていい」と言っていたそうです。

倒れたのが日曜日だったこともあり、すぐに診てくれる病院がなく、いったん帰宅。外傷はあるけど「意識ははっきりしている」ということで、救急病院に行くほどではないという判断が下されました。

月曜日にCTを撮り、結果は異常なし。会話も食事もできているけど、普段から接しているおばさんや僕にとっては「なんか違和感あるな……」という状態でした。

ここで僕がやったのは、YouTubeですべてを報告すること。おじいちゃんが倒れたこと、いつもと違いぼーっとしていること、病院では大丈夫と言われたけど、なんか変だと思うこと。

すると寄せられたのは、「絶対にMRIを撮って!」というコメント。「CTでははっきりと分からない病気を見つけることができるため、絶対にMRIを撮ったほうが良い!」と言う人がたくさんいたのです。

病院では最初、「回復傾向にあるから」とMRIを断られましたが、何度も頼み込み撮ってもらうことに成功。結果は、脳梗塞。完全に血管が詰まっている状態で、即入院することになりました。

あとから判明したのは、冷蔵庫の前で立ち尽くしていたのは脳梗塞の症状だったということ。おじいちゃんの足腰が強かったため、辛うじて倒れず立ち続けていたのです。ボクシングでいう、スタンディングダウンのような状態。

もしも病院からの「MRIを撮る必要はない」という言葉をそのまま信じ、なにもしないでいたら、今の元気なおじいちゃんはいなかったということになります。そう考えると本当にゾッとします。

このときばかりは、SNSで言わなくてもいいことを言ってしまうバカ正直な自分の性格を褒めたいと思いました（笑）。

そして、コメントを寄せてくれた皆さんに本当に感謝しています！

入院中の高齢者に多い「せん妄」を発症

おじいちゃんが入院した1日目の夜、突然おかしな行動をとり始めました。相部屋の人たちのシーツをめくって洗濯しようとしたらしいのです。

翌日お見舞いに行ってもおじいちゃんはうわの空で、なにも覚えていない様子。救急車で運ばれる日の朝まで意識や記憶、受け答えがしっかりしていたというのに、急に変な行動をしたり、おかしな受け答えをしたり、病院にいることもしっかり把握できていない状態になりました。僕が10代のときに認知症だった祖母のことを思い出し、もしや……という不安が過りました。後で分かったのですが、このときのおじいちゃんは「せん妄」を発症していたのです。

せん妄とは脳が機能不全を起こすことによる軽度の意識障害のこと。突然の入院や抗生物質などの投薬によって高齢者に多く発症します。環境の変化による精神的な不安もせん妄の引き金になると言われています。症状は認知症に似ていて、時間や場所が分かりにくくなったり、幻覚が見えたり、話のつじつまが合わなくなったり、落ち着きがなく、いらいらして怒りっぽくなったかと思えば、逆に活気がなくなったりします。ただ認知症とは違いしばらくすると治ることが多く、2、3日で治る人もいれば、1、2か月かかる人もいるそうです。

ちなみにおじいちゃんが急にシーツを洗濯し始めたのは、きっと倒れたときコインランドリーに向かっていたからだと思います。

入院前まで、恥ずかしながら僕のシャツやシーツなどの大きな汚れ物もおじいちゃんが全部洗濯してくれていました。98歳でかごいっぱい洗濯物を載せて自転車を漕いでいたのですから、今考えれば本当にすごいことです。おじいちゃんは人一倍責任感が強いので、病院で意識が戻ったときに「洗濯しなくちゃ！」と思ったのかもしれません。その後、このときのことを話してもおじいちゃんはまったく覚えていません。

それどころか、倒れてから退院するまでの記憶が今でも抜け落ちています。
おじいちゃんが入院するまで僕はこの「せん妄」という言葉を知りませんでした。
そのため、おじいちゃんの症状を知ったとき、現実を受け止められず、戸惑っていました。

その後、せん妄については看護師として働いている芸人仲間やSNSのフォロワーさんからも「高齢者によくある症状なので、いずれよくなるから大丈夫ですよ」といった励ましのアドバイスをいただいたことで、安心することができました。

もちろん、多少の不安もありましたが、「おじいちゃんなら大丈夫！　きっと退院するときには、以前のような元気な状態で戻ってくる」と信じていました。

ただ、その考えはちょっと甘かったのです……。

大変なのは入院生活ではなかった

おじいちゃんは、この入院で要介護3に認定されました。もう以前のようにひとりで自転車に乗ることはできません。

しかも、家に帰ってからもしばらくの間は軽いせん妄状態が続いているようでした。入院中よりもむしろ退院してからのほうが大変になりました。ここから僕のおじいちゃん介護生活が本格的にスタートしました。


入院前までは掃除、洗濯、料理なんでもひとりでこなし、自分の分だけでなく僕の分まで家事を全部こなしてくれていたのはおじいちゃんでした。その役割が退院後には逆転することになったのです。

それどころか、以前はあんなに食欲があったのに食事を前にしても「食べたくない」と言うし、トイレに行ってもズボンを下ろさずにおしっこをしてしまうことが……。

おじいちゃんにとっても僕にとっても、試練の日々が始まりました。

戻ってきたのは、前とは違うおじいちゃん

おじいちゃんが退院したのは、4月6日。様子が変だと思った日から、11日が経っていました。

退院時、おじいちゃんは普通に歩くことができていました。その様子を見て最初は「元気じゃん！」と思ったのですが、様子がおかしい。食事を嫌がるだけでなく会話もうまくいかないし、思うように動けず転ぶ回数が増えました。

「たった10日やそこらで、こんなにも変わってしまうんだ！」と入院前との落差にショックを受けました。明らかにできないことが増えているのです。それなのに、お

じいちゃんは「全部自分でできる！」と言い始め、「お前の力は借りなくていい」「うるさい」という乱暴な言葉をぶつけてくるようになったのです。

おじいちゃんが倒れたことで、いろんな人に頭を下げたり、たくさんの書類を書いたり、おじいちゃんのために、僕がどれだけ動いたと思ってるんだろうという気持ちでいっぱいになり、うまくおじいちゃんとコミュニケーションが取れず、常にイライラする日が続いていきました。

今でこそ僕のいないところで「孫に世話になってる」と言ってくれているおじいちゃんですが、この時期は「あいつはダメだ」「なんで怒ってるんだ」「孫がおかしくなった」と言っていました。これが本当にショックで、思うように話が通じないおじいちゃんに対して声を荒らげてしまったこともありました。

「おじいちゃんのために」と動いている僕の行動、すべてが空回りしているような状態が続き、僕のメンタルも日に日に弱っていきました。

そして数日後、また事件が起きます。おじいちゃんが、僕の不在中に階段から落ちたのです。

おじいちゃんが階段から落ちた！

その日、僕はおじいちゃんが家でのんびりしていることを確認してから、外出しました。出先でもおじいちゃんの様子が気になるので、頻繁に見守りカメラの映像をチェックしていました。すると、階段を上っていくおじいちゃんが見えたのです。

ヤバい、危ない！　おじいちゃんには、階段は使わないようにと伝えていたのに。すぐに電話をかけ、どこにいるか聞くと「2階にいる」という返答が。「危ないから、そのまま2階にいてね！」「分かった」という会話をした直後、見守りカメラの映像を見ると……おじいちゃんの姿がない！　階段から落ちている!!

血の気が引き、用事を中断して帰宅。外出先から自宅まで約40分、僕は自分を責め続けました。違う言い方をしていたら階段を下りようとはしなかったかも。おじいちゃんが落ちたのは、自分のせいだ……！

家に戻ると、落ちたままの状態のおじいちゃんが。即座に救急車を呼び、病院へ。持っていたタオルが下敷きになり、奇跡的に身体を強く打ち付けてはいませんでした。少し擦り傷ができてしまったけど、頭を打ったり骨折したりはしていないとのことで安心しました。

このときも、おじいちゃんはかつての日課だった洗濯をしようとしていました。2階に干してある洗濯物を取り込み、1階に運ぼうとしていたのです。

その後も1か月のうちに3回も救急車を呼ぶことになりました。おじいちゃんが家に戻ってからの1か月は本当に大変で、この時期のことは僕もよく覚えていないくらいです。

おじいちゃんの介護がスタート
工夫をしながら楽しむコツ

退院してからしばらくの間は不安定な状態が続いていたおじいちゃんですが、今はすっかり元気！　最初は「食べたくない」と言っていた食事も、退院から2、3か月後にはちゃんと食べられるようになりました。

「好きなものを食べさせたい！」という思いから、不安だった時期はとにかくおじいちゃんの好物を食卓に並べました。お寿司、ウナギ、懐石料理……退院後の数か月で、かなり食事にお金を使いました（笑）。

そのかいあってか、おじいちゃんの食欲が戻ったので、万々歳です！

おじいちゃんが退院するとき、お医者さんに「元通りになることは諦めてください」と言われました。これからはどんどん衰えていくので、「期待しないで」と。

でも、今のおじいちゃんは正直、入院前よりも元気！　お医者さんには「好きな物をいっぱ食べたのが良かったのでは」と言われています。

当時「意味あるのかな？」と思いながらやっていたことが、もしかしたら今の元気につながっているのかもしれません。

おじいちゃんの記憶を呼び覚ませ！

自宅に戻ってからのリハビリ期間で、僕は「記憶の旅ピクニック」と称し、おじいちゃんをいろんなところに連れ出しました。

お医者さんから「記憶をよみがえらせることで脳に良い刺激を与えることができる」と言われたからです。

例えば、子どものころよく一緒に行った公園でお弁当を食べる。それから、昔行ったことのある飲食店で食事をするなどです。

するとおじいちゃんの表情が柔らかくなり、ポツポツと思い出話をし始めました。当時のおじいちゃんはほとんど笑わないどころか、喋ることも減っていました。それが、記憶に残っている場所を訪れることで「ここ、昔と変わったなぁ」「この先に、○○公園あるだろ?」と言い出したのです。

また、兄が経営しているジムの見学にも連れて行きました。入院前から「行ってみたい」と言っていたので相当うれしかったのか、兄に対してどんどん質問が飛び出して、久しぶりにおじいちゃんが笑っている顔を見ることができて、僕も安心しました。

この時期から、少しずつおじいちゃんの口数が増え出しました。会話が増えたことで、「自分はまだまだ元気だ!」と自覚できたのだと思います。

ひとつの工夫でトイレ成功！

退院後、認知症の症状が進みおじいちゃんがトイレを汚してしまうことが増えました。前にも書きましたがズボンをちゃんと下げず、途中で用をたしてしまうのです。おしっこやウンチが服に付き、トイレの床がビシャビシャに汚れる日々。この時期は、僕も追い詰められて本当に辛かったです。

「トイレをするときにはちゃんとズボンを下げてね」と何度口頭で伝えてもいつも「はいはい」と返事をするだけで右から左に流されてしまう状態。おじいちゃんの行動は一向に改善されません。ちっとも真剣に受け止めてくれないのです。

そこで僕はおばさんと相談し「貼り紙作戦」を実行することにしました。

この作戦の一番のポイントは文章にちょっとした違和感を持たせること。普通に「ズボンを下げてね」と書いても印象に残らないため、僕の名前「秀介」を逆にして、「介秀」とし、「ズボンを下げないと介秀が困る」として、トイレの前の扉に紙を貼り付けたのです。すると「漢字間違っているぞ！」という反応があると同時に、ズボンを下げなくてはという点にも意識がいくようになりました。作戦成功です。

その後は、「ひとりで外には出ないでね。新聞は秀介がとります」と要望＋僕の名前を書いた貼り紙をすることで、こちらの要望をちゃんと受け取ってくれるようになりました。

今思い返すと、それまでの僕はおじいちゃんに言うことを聞かせようと一方的に忠告していたのだと思います。どうすれば、おじいちゃんが理解しやすくなるのかという点を考えていませんでした。それが、たった1枚の紙で解決したのです。

伝え方を工夫しただけで、おじいちゃんの行動が改善されただけでなく、僕のイライラも解消されていきました。

この「貼り紙作戦」は、僕の考え方を変えることになった大きな出来事でした。

あしなっす流　介護を楽しむ思考法

脳梗塞になり、僕がおじいちゃんを介助する機会がグッと増えました。

初めて下のお世話をしたときは、抵抗より「ついに来たか！」という思いが大きかったのを覚えています。僕はこれから、おじいちゃんのウンチを拭いて、チンチンをキレイにするんだ……。これまでもおじいちゃんのサポートはしてきたけど、「本当の介護はここからだ」と思いました。

ただ、現在の僕はおじいちゃんを「介護」している感覚はあまりありません。下の世話も正直、もっと臭くて大変なものだと思っていました。

シーツや洋服におしっこが付いてしまっても、洗えばキレイになる。家中がウンチまみれになって大変だったこともあるけど、それも数えるほどだったし「こういうこともあるのか！」という感じです。

鼻くそや目やにを取るとき工夫してみたり、おじいちゃんがびっくりしないよう自分の手を温めてからボディーソープをつけたり、皮膚が硬くなっていたらマッサージをしてみたり。

お風呂に入れるのは「楽しい」とすら思います。おじいちゃんがさっぱりするのもうれしいし、「ここってこんなに汚れるんだ！」などの発見があるのも楽しい！

ただ、こういう感覚は僕独特の自己肯定感があるからなのだと思います。

例えば、おじいちゃんのウンチを拭いているときはこう思います。「俺も、赤ちゃんのころはお母さんにこうして拭いてもらったんだろうなぁ」。自分がやってもらったことをリアルに感じられて、なんだかワクワクしてしまうのです。

だから、僕の感覚が「正しい」とはまったく思っていません！　うちはおじいちゃんが元気だし協力的なので、比較的楽なほうだと思うのです。

僕と同じ経験を「みんなにしてほしい」とも思いません。介護士をしている後輩芸人も、「両親の介護はできない」と言います。僕自身、両親の介護はできなかったと思います。おじいちゃんだから、できているのです。

そして、僕は芸人としてまだ売れていません（笑）。「よくやってるね」と言ってもらえることもあるけど、もしも、芸人の仕事が多かったり、日中会社で働くような定職についたりしていたら、こんなにおじいちゃんと過ごすことはできないと思います。売れていないからこそ、息抜きで旅行に行ったりもできるんです。

さらに、僕にはおばさんたちの多大なるサポートがあります。僕がしんどそうにしていたら、「休みなさい」と言ってくれる人が近くにいます。

やっちゃんからは、「つきっきりで世話しなくて良いよ。そんなに簡単に死なないから！」と言われました（笑）。

こういう言葉にも助けられながら、今は楽しく過ごせています。

僕の体験は「こんな人もいるんだな」という感じで、参考になったらうれしいです！

第2章

人生いろいろ、ヒロキおじいちゃんヒストリー

おじいちゃんの人生は波乱に満ちている

今でも自分で味噌汁をつくり、毎日、新聞を読み、普通に会話ができるおじいちゃん。なかなかこんなに元気な99歳はいない！　と、いろんな方に言っていただきます。そんなおじいちゃんは、戦争はもちろんのこと、就職や子育て、大切な人との別れなど多くの経験をしてきました。

この本を書くにあたり、僕は改めておじいちゃんに話を聞いてみることにしました。するとそこにはこれまで知らなかった驚きの過去がたくさんありました。
そこで波乱万丈なおじいちゃんの99年の人生を振り返ってみたいと思います。

体力勝負は負け知らず！

おじいちゃんの故郷は、宮城県角田市（当時は伊具郡角田町）。農業が盛んで、山に囲まれた自然豊かな地域らしく、今でもよく「腹くっちぇ（お腹いっぱい）」など方言が飛び出します。

戸籍上、おじいちゃんの誕生日は1923年9月7日。でも、本当は9月1日が正式な誕生日なのだそうです。というのも、おじいちゃんが生まれた同日に関東大震災が起きたため。「縁起が悪い」という理由で、おじいちゃんのお母さんによって誕生日が変更されたらしいのです。

昔はこんなふうに日付変更をすることは珍しくなかったそうですが、今では考えられないので、びっくりしました。

おじいちゃんは、大家族で育ちました。きょうだいは8人。長男がキュウシチさん、次男がフサジさん、三男がマナブさん、そして四男が僕のおじいちゃん・ヒロキ。その下に、長女のイワコさん、次女のスイコさん、三女のヨシコさん、五男のアキラさん。おじいちゃん以外は、みんな亡くなっています。

生まれ育った家は、あんまり裕福ではなかったと聞いています。豚や牛、鶏など家畜を育てたり、稲作をしたりして暮らしていたそうです。

おじいちゃんが小さいころは、遊びといえば自然の中で駆け回ること！　近所に流れていた阿武隈川（おじいちゃんは「あぶく川」と言っていた）に飛び込んだり、タオルを濡らして振り回したり、砂場に飛び込んで前転したり幅跳びをしたり……。

運動神経が良く、負けん気が強いヒロキ少年は仲間内で体力自慢をすると、いつも勝っていたそうです。

また、おじいちゃんには尋常高等小学校時代の逸話があります。

あるとき、お金持ちの友人宅で初めてラジオを聴いた少年時代のおじいちゃんは小学校で読み書きは教わっていたものの、ラジオから流れるニュースの内容がまったく理解できなかったのだそうです。それが悔しかったため「もっと勉強したい、もっといろんなことを知りたい！」という思いを膨らませ、友人から辞書を借り、なんとぶ厚い辞書に載っている内容のすべてを〝丸写し〟したというのです！

高校時代に僕が勉強していたら、自慢げに「俺は昔、紙の辞書を全部丸写ししたくらい勉強を頑張ってたんだ！」と言ってきたことがありました（笑）。

九死に一生を乗り越え、今がある

高等小学校を卒業した18歳のときに太平洋戦争が始まりました。時期は定かではありませんが、徴兵され満州に行ったそうです。

おじいちゃんいわく、「満州時代は食うものには困らなかった」。肉まんや餃子をよく食べていたそうで、「楽しい思い出しかない」と言いますが、本当のことは分かりません。

その後、捕虜としてソビエト連邦（ソ連）で過ごした2年間は地獄の日々だったそう。ただ、この時期のことは「人に話すことではない、死ぬまで秘密にしなきゃいけないんだ」と言ってあまり話したがりません。おじいちゃんが帰国できたのは、終戦から約2年後。終戦を知らされず、ソ連で過酷な労働をさせられていたそうです。

数年前、兄の知人が「戦争経験者の話を聞きたい」とうちに訪ねてきたことがあります。そのときに聞いたのは、おじいちゃんは戦地でかなり優秀だったというエピソード。最低限の防寒具で「手斧で木を切り倒す」という任務があったらしく、この成果に応じ褒美としてパンをもらえたそうです。ほかの人が1日かけて1本倒すところ、おじいちゃんはなんと3本を切り倒したのだとか。

また、100キロ以上もある大砲を運ぶ役割も与えられていたそうです。当時、大砲は「天皇陛下の化身」と言われるほど大切にされており、これを運べるのはかなり優秀な兵士だった証拠。ひとりで大砲を担ぎ上げ、傾斜の激しい坂道をのぼり砲台に載せたこともあるとのことでした。これらの逸話から、当時のおじいちゃんはかなりのマッチョだったことが分かりました。

そして、「九死に一生を得た」エピソードも教えてくれました。

当時は、貨物列車に乗る際にとある決まりがあったそうです。それは、偉い人ほど車内の内側に、立場の弱い人は外側に乗るというもの。雑用が発生したとき、すぐ外に出るためです。

おじいちゃんは優秀ゆえ尊敬されており、比較的中のほうに乗っていたそうです。ある極寒の日、気付くと外側にいた人は全員凍死していたことがあったそうです。おじいちゃんは中側にいたため、運良く生き残ることができました。

また、トンネルを掘っていてたまたま欠員が出たとき、欠員の補充でおじいちゃんが移動することに。すると、持ち場を離れた直後に元いた場所が爆撃に遭い、そこにいた人はみんな亡くなってしまったのだそうです。

こういった話を聞くと、自分がここに存在しているのが奇跡のような確率であることを実感します。

残り続ける、戦争時代のトラウマ

おじいちゃんいわく、「当時は誰よりも訓練を頑張っていた」そう。理由は「すべての訓練で優秀な成績をおさめたい」という思いが強かったから。おじいちゃんの体力は、この精神で培われたのかもしれません。

あるとき、僕はおじいちゃんに「なんで生き延びられたと思う?」と聞いたことがありますその答えは、「ただ運が良かっただけ」。死んでもおかしくないような経験を何度も乗り越え、たまたま戻ってこれたと言います。

ただ、脳梗塞で倒れたあとは記憶があいまいになり、昔の話を聞いても要領を得ないことが増えました。日によって話すことも変わります。

今でも言うのは、戦争は「正義のためだったが、正しかったのか分からない」ということ。「命がけだった」こと。そして「もう思い出したくない」ということです。

戦争のことを知りたいという思いはありつつ、僕もこれ以上は深掘りできないなと思っています。

ちなみに、おじいちゃんはお酒を飲みません。

その理由は戦争時代にあります。ある演習でおじいちゃんは優秀な成績を残しました。そのご褒美として宴会に招かれ、ものすごい量のお酒をご馳走になり、ベロベロに酔っぱらったおじいちゃんは翌日の演習に遅刻。その結果、重い体罰を受ける羽目に。いい思い出が一転して悪夢に。その日のことがトラウマになっているのか、調子に乗って飲みすぎ、失態を演じてしまった自分のことが恥ずかしいと感じているのか、「あの日以来、もうお酒は飲めないんだよ〜」と笑いながら話してくれました。

力仕事で培った下半身の強さ

帰国後、おじいちゃんは長兄の紹介で大手食品会社に就職。定年まで工場でボイラーの管理をしていました。工場を動かすため、石炭を入れたり監視したりする仕事です。

食品会社時代にも、おじいちゃんは「九死に一生を得る」経験をしています。

　ある日、おじいちゃんは石炭を入れる「ホッパー」という装置に落ちてしまいました。もがけばもがくほど、蟻地獄のように石炭の中に身体が埋まっていきます。工場のため機械音がうるさく、「助けて！」と叫んでも誰かに声が届く環境ではありません。つまり、少しでも発見が遅れたら死んでしまう状況。しかし、運良く同僚の「出勤しているはずの芦名さんがいない」という訴えで発見、救出されました。面倒見が良く、同僚から人気だったというおじいちゃん。人望がなかったら、発見されなかったかもしれません。

　定年までの40年近く、おじいちゃんは力仕事に従事しました。今でも病院で言われるのは、「下半身がしっかりしている」ということ。ボイラーの仕事には、デッドリフトという主に下背部、臀《でん》部、脚部を鍛える筋トレの動作に似た作業があります。今でも背中が曲がっていないのは、この作業の積み重ねが要因となっているようです。

　僕には、幼少期におじいちゃんとお風呂に入った記憶が残っています。当時すでに

70代でしたが、そのときも腹筋が割れていました（笑）。

おばあちゃんとの思い出

20代の半ば、おじいちゃんはお見合い結婚をします。「恥ずかしい」と言っておばあちゃんとの出会いは語ってくれないので、当時のことはまったく分かりません。

おばあちゃんとは、よくふたりで旅行に行っていたそうです。うちには、おじいちゃんが旅行先で撮った写真がたくさん残っています。

47都道府県ほぼすべてに行ったことがあるそうで、今でもテレビを観ていると「ここ行ったことあるよ」「ここは○○が美味しいんだ」と話し出すことがあります。

おばあちゃんは、口が達者で気の強い人でした。でもって、料理が上手で世話好き。お客様をもてなす段取りでおじいちゃんとよくケンカしていたのを覚えています。

晩年は認知症の症状がひどくなり、施設に入ることに。

電車を乗り継いでも1時間近くかかる施設でしたが、おじいちゃんは週に1度は自転車に乗って会いに行っていました。僕にはなにも言いませんが、おじいちゃんなりにおばあちゃんを思う気持ちがあるんだろうなと感じています。

こだわりの一軒家

20代後半、おじいちゃんは川崎に家を建てました。

現在僕らが住んでいる家です。

おじいちゃんはこの家に並々ならぬこだわりを持っています。なにがあっても「離れたくない」というのです。70年も同じところに暮らしていると、ご近所トラブルに巻き込まれることもあります。また、周りの景色はどんどん再開発で変わっていきます。ほかの場所に移る選択肢も、なかったわけではないと思います。

それでも、おじいちゃんは「この家に住みたい」と言い続けました。

おじいちゃんにとって、この家は初めて自分で建てた一軒家。戦争を乗り越え、やっと日本で安心して働けるようになってから買った、思い入れのある家なのです。

きっと、自分の城として誇りを持っているのでしょう。

ただ、小さいころの僕はこの家が嫌でした。

「ここにいたくない！」と、ずっと主張していたのを覚えています。

というのも、何度か子どもの幽霊を見たことがあるからです。座敷童として、うちを守ってくれているのなら良いのですが。

50代でテニスにハマった！

50歳くらいのとき、おじいちゃんは突然テニスを始めました。

「身体がなまってきたな」と思っていたころ、同僚に誘われたのだそう。おじいちゃんが働いていた工場には空き地が多く、そこで遊んでいるうちにハマってしまったのだとか。

定年後、おじいちゃんは長女・ヨウコちゃんが夫婦で開業したお花屋さんを手伝うようになります。とはいえ、まだ開店したばかりでお給料を払える状態ではありません。

そこでおじいちゃんが提案したのは、「お給料はいらないから、テニススクールの月謝を払って！」ということでした。

結局、テニスは70代半ばまで続けていました。大会に出ることはしませんでしたが、スクールで皆勤賞をもらっていました。

ただ、〝テニス〟という競技が好きというわけではないみたいです。

以前テニスの試合中継を食事中に流してみたのですが、まったく興味を示しませんでした。

観るより、自分が身体を動かすほうが断然好きだったみたいです。

80代になり、自ら運転免許証を返納

13年ほど前、おじいちゃんは80代後半に運転免許証を返納しました。

きっかけは、白内障になったこと。運転中に右のミラーが霞んで見えると気付き、そこから一切運転していません。

このとき、僕は大感動しました！　自分の衰えって、なかなか自分では気付けないと思うんです。運転も「便利だから」とずるずる続けてしまう人が多い中、自分からきっぱりやめたおじいちゃんはとても立派だと思っています。

この危機管理能力と判断力は僕も見習いたいと思っています。

ちなみに、免許証を見ると今のおじいちゃんとまったく見た目が変わりません！　髪型も、毛量すらも変わっていません（笑）。

外見を維持していることにも、驚きです。

いろんな人に慕われる、おじいちゃんの人間性とは？

おじいちゃんは、僕ら家族にとって「長老」みたいな存在。

リーダーシップを発揮してみんなを引っ張るようなタイプではないけど、圧倒的な存在感があります。偉そうに振る舞うことはなく、完全に縁の下の力持ち。なんというか、そこにいるだけで安心するような存在です。

親戚からの人望も厚く、昔は行事のたびに人が家に集まっていました。おじいちゃんはお酒が飲めないのにもかかわらず、お酒を酌み交わしているみんなといろんな話をします。そんな光景が恒例でした。

今でも、お正月はたくさんの親戚がおじいちゃんに会いにやってきます。

おじいちゃんのなにが、そんなに人を惹きつけるか、僕の目線から見たおじいちゃんの話を紹介したいと思います。

優しく厳しいおじいちゃん

おじいちゃんは、すごく優しい人です。怒られたことは、ほとんどありません。

ただ、一度だけ猛烈に怒られたことがあります。

それは、僕が小学校3年生くらいのころ。

当時、僕はおばあちゃんに1日100円のお小遣いをもらっていました。それを握りしめて、近所の駄菓子屋に行くのが日課。でも、僕がやりたかった駄菓子屋のゲームは1回200円。足りないけど、どうしてもゲームがやりたい！

それで、僕はおじいちゃんの財布から100円を盗んでしまったのです。

お金を盗んだことは、すぐにバレました。おじいちゃんにぶん殴られて、「お前は盗人として生きていくのか！」と怒鳴られたこと、今でもしっかり覚えています。

それから、よく注意されていたのは言葉遣い。

兄に憧れていた僕は、兄のやることが全部カッコよく見えました。反抗期だったのか少し荒れていた兄をマネて、僕の言葉遣いも乱暴に……。

特に深い意味もなく、その場の流れで「死ね！」「バカ！」といった汚い言葉を使うと、兄ともども、おじいちゃんに注意されたのを覚えています。

お礼は欠かさずに

おじいちゃんを見ていると、かなり「礼節を重んじる」性格だなと感じます。

僕が子どものころ、おじいちゃんはよく誰かに電話をしていました。電話の相手に伝えているのは、いつも感謝の言葉。「○○を送ってくれてありがとう」など、事細かにお礼を言っているのです。

なにかをやってもらったら、ちゃんと返す。それが、おじいちゃんのポリシーのようです。

またおじいちゃんは、面倒見が良い一面もあります。

以前、おじいちゃんが自宅の前で倒れたことがありました。

そのとき救急車を呼んでくれたのは、近所に住んでいる女性。僕やおばさんが駆け付けるまで、彼女がおじいちゃんの世話をしてくれていたのです。

おじいちゃんと散歩していると、その女性が今でもよく声をかけてくれます。そのとき言われたのは、「昔、結婚するときおじいちゃんにお祝いしてもらったんだよ」とのこと。

僕が知らないだけで、おじいちゃんはいろんな人に愛されているのだと思います。

YouTubeを始めてからは、おじいちゃんの知り合いから電話がかかってくることも増えました。もちろん、僕の知らない人です。連絡してきてくれたのは、おじいちゃんが食品会社で働いていたころの部下や、遠い親戚など。

わざわざ「YouTube観ました。元気でなによりです」と連絡してくれる人が何人もいます。これって、すごいことだと思います。

今でも、おじいちゃんは来客があると、「お茶のおかわりはどうか」「お菓子食べますか?」などと気を遣っています。

いつまで経っても、おじいちゃんは面倒見が良いなと思います。

おじいちゃんの意外な一面

僕にとっては優しいおじいちゃんですが、娘に対しては厳しい一面もあったそうです。おばさんたちに昔のことを聞くと、「怖かったし厳しかった」と言っていました。

おじいちゃんは昔からとてもまじめな性格で、若いころにヤンチャしていたやっちゃんは殴られることも頻繁にあったそうです。

そして、おじいちゃんはパチンコにハマっていたこともあるそうです。1、2年できっぱりやめたそうですが、近所のパチンコ屋に入り浸っていた時期もあるのだとか。

もっともハマっていたころは、仕事が終わると毎日パチンコ屋へ。

夕飯ができると、おじいちゃんを呼びに行くのが幼いやっちゃんの役割だったそうです。当時のハマり具合は相当のもので、夕食中は休憩札を置き、食べ終わるとパチンコ屋に戻って行ったのだとか。

今ではまったく想像がつきません。

実は、最近僕もパチンコにハマっています。やっぱり、同じ血筋なんだなぁと思います（笑）。

今でも忘れられない、おじいちゃんとのエピソード

僕の人生には、ずっとおじいちゃんがいます。

生まれたときから一緒に住んでいたので、うちにおじいちゃんがいるのが当たり前。小さいころから〝おじいちゃん子〟で、昼寝するおじいちゃんの布団に潜り込んでいたのを覚えてます。

幼い僕は体力があり余っており全然眠くないので、ただおじいちゃんの隣に寝転がるだけ。隣で眠るおじいちゃんの「スースー」という寝息に合わせて僕も「スースー」と呼吸していました。それが僕にとって最高に心地のいい唯一の癒やしの時間でした。

今でも、すごく印象に残っているおじいちゃんのエピソードがあります。

ある日、またいつものように、おじいちゃんが昼寝しているのを狙って、僕が布団に潜り込み寝息を真似ていると、なにか視線を感じました。布団の中から見上げるとおじいちゃんがこっちを見ていたのです！　おじいちゃんは僕が潜り込んでいたのに気付いていたらしく、僕の楽しみを奪わないように、寝たふりをしてくれていたのです。おじいちゃんの大切なお昼寝の時間を奪ってしまい、申し訳ないと思った僕は、「もう布団に潜るのは、やめるね」と伝えました。しかし、おじいちゃんは「なんだ、せっかく楽しかったに、もうできないのか。」と悲しい顔をしたのです。僕はこんな子どもの訳の分からない遊びを本気で楽しんでくれたことにとても感動し、その後も何度もおじいちゃんの布団に潜っては、寝息を合わせて遊んでいました。

ちなみに、今でもおじいちゃんが喉に物がつかえて、むせてしまったときには、このときのことを思い出して、ふたりで一緒にタイミングを合わせながら呼吸を整えるようにしています。

おじいちゃんの優しさから兄弟ゲンカに

それは、僕が小学3年生の4月のこと。

兄は小学5年生で、誕生日に当時流行していたゲーム『ポケットモンスター 銀』を買ってもらいました。

それが羨ましかった僕は、兄が習っていた野球の練習を見学しながら、勝手にポケモンで遊んでいたのです。

すると、休憩に入った兄が近付いてきて「勝手にやるな！」と怒りました。それでも気にせず、僕はゲームを続けました。

案の定、家に帰ってから大ゲンカ！　その仲裁に入ったのが、おじいちゃんでした。

大ゲンカの翌日、おじいちゃんはなんと僕に『ポケットモンスター 金』を買ってきたのです！　もちろん、僕は大喜び！　しかし、兄は弟の僕ばかり甘やかされることに納得できません。

それはそうです。なぜなら、自分は一年に一度の誕生日プレゼントとして買ってもらったのに、弟の僕はなんでもない日に買ってもらっているのだから。

「秀介ばっかり！」と怒る兄に、なんにも悪くないおじいちゃんが「ゴメンね」と謝っている姿は今でも忘れられません。

申し訳ない気持ちになった僕は、この出来事を機に剣道を始めました。「僕もなにかやらなきゃ」というスイッチが入ったのです。

ちなみに、そのとき僕がすごいと思ったのは、おじいちゃんがポケモンの「金」を買ってきたこと。きっと、兄に対しても「違うゲームで遊べるよ」という思いがあったのだと思います。

流行りのゲームのことなど分からないはずなのに、いろんな人に聞いて買ってきたんだろうなと思うと本当に申し訳ないことをしてしまいました。

おじいちゃんの深い優しさを感じる一方、個人的にはかなり反省した出来事でした。

泥だらけのユニフォーム

1章でも述べましたが、僕が中3の冬、母が亡くなりました。母を追うように、約1年後に父が亡くなります。さらに、このころおばあちゃんの認知症が悪化。当時の芦名家はかなり激動の時代を送っていました。

今思うと、あのころの僕ら兄弟を裏で支えてくれていたのはおじいちゃんでした。当時はそのありがたみを理解していなかったけど、本当に助けてもらったと思います。

当時、僕ら兄弟はふたりともアメフト部に入っていました。

アメフトは激しいスポーツで、ユニフォームは毎日泥だらけ。ふたり分のユニフォームを手洗いしてくれていたのは、80代前半に差し掛かったおじいちゃんでした。

そのころの僕らにとって、おじいちゃんが洗濯してくれることは日常。特段感謝もせず、当たり前のようにキレイになったユニフォームを持って部活に行っていました。今考えると、ゾッとするような重労働をさせていました。

ただ、おじいちゃんから「自分で洗いなさい」という言葉は、一切かけられたことがありませんでした。そして、おじいちゃんが「自分のためになにかをしてほしい」と言ったことも一度もありません。

いまだに、当時のことを思い返すと後悔します。兄とも「なんであんな大変なことをおじいちゃんにやらせてたんだろうな」とよく振り返ります。

人間って、経験しないと分からないことがたくさんあるなと感じます。自分で家事をするようになって、やっと大変さを理解しました。

おじいちゃんのご飯を用意するようになって「料理ってこんなに手間がかかるんだな」と分かったし、自分で掃除するようになって「こんなところにもホコリが溜まるんだ」と分かる。なにごとも経験だなと、深く感じています。

芸人を目指す僕に、おじいちゃんが言ってくれたこと

僕は、大学在学中にNSCに入りました。NSCとは、吉本興業の養成所のこと。芸人になるためのノウハウを教えてくれる学校です。

実は、おじいちゃんは僕が芸人になることを反対していました。「大学にまで行かせてもらったのだから、就職したほうが良い」というのです。

僕が通っていたのは、慶應義塾大学。慶應といえば、言わずと知れた名門校です。2つ上の兄も同じ大学を卒業し、その後は大手広告代理店に就職しています。

リスキーな芸人ではなく、兄のように一流企業を目指すべき。普通、そう考える人が大多数だと思います。だいぶ反対されましたが、最終的におじいちゃんは僕の背中を押してくれました。

芸人になると決めたとき、おじいちゃんに言われた言葉を今でも覚えています。

それは、「自分で選んだ道しか道にならない」という言葉。

誰かに選択肢を提示されたとしても、それは実際には存在しない架空の道。自分が歩いたところにしか道はできないから、自分が思う道に向かって歩きなさい。「それだけやっていればいいから」と、応援してくれたのです。

おじいちゃんがかけてくれた言葉は、今でも僕の指針になっています。

僕が心に決めているのは「好きなことしかやらない」ということ。やりたくないことはやらない、嫌いな人とは仕事をしない。だけど、その分自分が「やる」と決めたこと、そして好きなことはなにがあっても貫く。これにはおじいちゃんの言葉が大きく影響しています。

いつか、芸人として売れることでおじいちゃんに恩返ししたいと思っています。

ちなみに、おじいちゃんは意外と笑いに厳しい一面があります。

『笑点』をよく観るのですが、「おもしろい」と思わないと絶対に笑いません。逆に、おもしろい回答のときはよく笑っています。

いつか僕の漫才を観て笑ってほしいとも思いますが、それは難しいかもしれません。以前、映像で観せたことがあるのですが、「早口すぎてなにを言ってっか分かんねえ」という反応でした（笑）。

昔はザ・ドリフターズの番組を観てよく笑っていたので、コントのほうが好きなのかもしれません。

『昼めし旅』で夢が叶った！

僕の夢は、「自分が出ているテレビ番組を観ながら家族とご飯を食べること」でした。実は、最近この夢が叶ったのです！

2022年の春から、僕は定期的にテレビ東京の『昼めし旅～あなたのご飯見せて下さい～』（毎週月～金、昼12時～）という番組に出演しています。

これは、日本の「リアルなご飯」にスポットをあてた番組でレポーターが各地を訪れ、その土地に住む人びとが食べる「ご飯」を通して人生や物語を見つけだすという内容のものです。

おじいちゃんと食事をしながらこの番組を観れたとき、「夢が叶った！」ととてもうれしかったのを覚えています。

僕が出ていない回は、からかうように「もう出ないのか？」と言ってきます（笑）。

最初は芸人になることを反対していましたが、やはり孫がテレビに出ているのはうれしいんだろうなと思います。

実は、この番組に出られるようになったのは、おじいちゃんのおかげ。

新しいレポーターを探していた番組プロデューサーさんが僕らのYouTubeを観ていてくれたことがきっかけでした。

どこまでいっても、おじいちゃんには頭が上がりません。

衰えないユーモアセンス

たまに、おじいちゃんのユーモアセンスに驚かされることがあります。

お寿司の出前をとったときのこと。

けっこう良いランクのお寿司で、お品書きが付いてきました。おじいちゃんは、お寿司のふたを取る前にお品書きを一つひとつ読み上げました。

普段のおじいちゃんだったら、お寿司を見た瞬間に「うわ〜！」と喜びを表現します。でも、このときおじいちゃんが放ったのは「お品書き通り、全部入ってるのかな？」。なぜか怪しんでチェックしていたのです。

しかもそれは本心ではなく、おじいちゃんなりのボケでした。笑いながら言っているので、自分がおもしろいことを言ってるのだと分かっているのです。

YouTubeでも、おじいちゃんの咄嗟の切り返しやワードセンスに驚かされることが多々あります。

99歳でも衰えないユーモアセンス、最強です！

ヒロキおじいちゃん年表

1923年	9月7日	誕生（本当は9月1日）
1930年		尋常小学校入学
1936年		尋常小学校卒業／高等小学校入学
1938年		高等小学校卒業
1941年	11月	太平洋戦争が始まる。 満州へ
1945年	8月	太平洋戦争終了
1947年		ソ連から帰国し、 食品会社に就職、 結婚
1950年		家を建てる
1951年	2月17日	長女（僕の伯母） 誕生
1955年	1月15日	次女（僕の伯母） 誕生
1958年	5月2日	長男（僕の父） 誕生
1982年	3月	食品会社を退職
1982年	9月	長女夫婦が開業した花屋で働き始める
1989年	4月1日	孫の芦名勇舗（僕の兄） が誕生
1991年	2月26日	孫の芦名秀介（僕） が誕生
2005年		長男の妻（僕の母） が死去
2006年		長男（僕の父） が死去
2010年		運転免許証返納
2011年		孫（僕） とふたり暮らし開始
2012年		くも膜下出血で倒れ入院
2017年		妻（僕の祖母） が死去
2020年	2月	TikTokがバズる
2020年	6月	YouTube投稿開始
2022年	3月	転倒し入院
2022年	4月	退院後デイケアサービスに通い始める
2022年	9月7日	99歳の誕生日　白寿を祝ってもらう

第3章

毎日がサプライズ YouTubeが変えた生活

SNSのすごさを思い知り、YouTube始動へ

おじいちゃんとYouTubeを始めて、僕らの関係性は以前までとまったく異なるものになりました。

芸人になって以降、僕はバイトやネタ合わせに明け暮れ、何日も家に帰らないこともしばしば。おじいちゃんとの会話はほぼなくなり、家族というより「同居人」という感じ。生活リズムも異なるので、顔を合わせることもガクンと減りました。率直に言うと、無関心。それがYouTubeを始めてから起きている変化はすべて前向きなものばかり。始めた動機は不純だったのですが、今ではYouTubeを始めて本当に良かったと思っています。

YouTubeで変わった僕とおじいちゃんの関係

2020年初頭、世界中で新型コロナウイルス感染症が流行しました。劇場を中心に活動していた芸人にとって、本当に苦しい時期でした。

当時、収入を絶たれた芸人たちは次々とYouTubeに参入していました。僕も、そのとき組んでいた相方に「ふたりでYouTubeをやらないか」と持ち掛けました。当然ノッてくるかと思いきや、元相方からの返事は「絶対おじいちゃんとやったほうが良い」というものでした。

最初は、意味が分かりませんでした。「うちのおじいちゃん、普通だよ?」と言うと、「いやいや、90歳超えて自転車乗ってる人いないから!」という答えが返ってきました。当時、パンパンの洗濯物をかごに載せて自転車に乗り、コインランドリーに行くおじいちゃんの姿は僕にとっては普通だけれど、どうやら普通ではないらしい。とはいえ、おじいちゃんをネタに動画を配信するのには抵抗がありました。なんとなく自力で頑張りたいという思いのほうが強かったのです。

ですが、新型コロナウイルス感染症の影響が深刻化してくると、お笑いライブに出演できないだけでなく、外出すらままならない状況になってきました。そこで試しにTikTokに配信してみたのが、前述のおじいちゃんとの食事風景でした。

思いがけない大バズりとなり、僕のYouTubeはおじいちゃんとの日常や介護について配信するコンテンツへと変化していきました。おじいちゃんのおかげでYouTubeのチャンネル登録者数は一気に増え、人気コンテンツになりましたが、それ以上に変化したのは僕とおじいちゃんの関係です。

それまでは、単なる同居人でしかなかったおじいちゃんが、YouTubeでの大切な共演者になったのです。なにをすれば、おじいちゃんが驚くだろう。どうしたらおじいちゃんは喜んでくれるだろう。僕の意識が一気におじいちゃんに集中しました。

おじいちゃんのファンの人は、「やってみた動画」のようにおじいちゃんに無理をさせることを好みません。僕自身もおじいちゃんに負担をかけるようなことはさせたくないと思っています。そのため、僕が運営する「あしなっすの1週間」は、ひと言でいうなら「ほのぼの」。おじいちゃんと僕のリアルな日常が垣間見られるチャンネルになっています。

過度な仕掛けやハプニングはありません。おじいちゃんと食事をし、散歩をし、おしゃべりをし、リハビリの様子を配信する。時どきサプライズをしかけたりもしますが、それもおじいちゃんに無理なことをさせるのではなく、ちょっと喜んでもらうためのものにしています。背伸びしない、ありのままのふたりの暮らしぶりが多くの人に受け入れられているのだと思います。

TikTokが起こした奇跡

TikTokに投稿を始めた当初、僕はおじいちゃんに黙って撮影していました。盗撮し、無許可で配信していたのです。

これがバレたきっかけは、やっちゃんの孫でおじいちゃんのひ孫からのひと言でした。おじいちゃんの動画がバズりすぎた結果、それをひ孫が発見。おじいちゃんが話題になっているのがうれしかったひ孫が、「おじいちゃん、有名人だよ!」と報告。すぐ、「秀介の仕業か!」とバレてしまったのです。

このときのおじいちゃんは、「恥ずかしいからやめてくれ!」という反応。無理やり続けるものでもないので、僕はすぐに投稿をやめました。

ですが、しばらく経つと「もう撮らないのか?」「撮っても良いよ!」と言い出したのです。

おじいちゃんの気が変わった理由は、明確でした。

東北に住んでいる戦友から、急に連絡が来たのです。その方のひ孫がＴｉｋＴｏｋを観て「おじいちゃんと同じくらいの年代の人が人気者だよ！」と報告。動画を観て「芦名さんだ！」と気付き、わざわざ連絡をくださったのです。

その方とは戦争が終わってからもしばらくは交流がありましたが、おじいちゃんが働き始めてから疎遠になっていました。つまり、ＴｉｋＴｏｋがきっかけで約70年ぶりに会話することができたのです！

その方が気付いてくれたこともすごいし、連絡がつながったのもすごい。まさか、戦争経験者がＴｉｋＴｏｋをきっかけに交流を復活させるとは、まさに奇跡です。

さらに、立て続けにもうひとつ奇跡が起きました。

アメリカに住んでいる親戚が、TikTokでたまたまおじいちゃんを発見。「お元気だったんですね！」と連絡がきて、おじいちゃんは大喜び！　頻繁に日本に帰国することができないためなかなか連絡もできず、話したのは数十年ぶりでした。「秀介のおかげで懐かしい声が聞けてうれしい」と、おじいちゃんから感謝までされてしまいました。

バズりたい僕と、懐かしい面々との交流が復活してうれしいおじいちゃん。僕らの需要が合致した結果、おじいちゃんとの動画制作が僕らの大切な絆となりました。

その後もおじいちゃんとの動画は信じられないくらい拡散されていき、再生回数は累計で1億回を超えています。

葛藤の末、YouTube始動！

実は、TikTokでバズったからといって、僕はすぐYouTubeを始めたわけではありませんでした。TikTokと異なり、YouTubeは観られれば観られるほど収益につながります。

僕は、おじいちゃんでお金を稼ぐことに抵抗がありました。そして、TikTokではずっと「良い孫」と称賛されていた僕。

正直、YouTubeを始めた瞬間それがアンチに変わってしまうのではという大きな恐怖もありました。つまり、良い人だと思われたかったのです。

ただ、2020年9月に結局僕はYouTube投稿に踏み切ります。

それには、大きく分けて3つの理由があります。

ひとつは、前述のようにTikTokのフォロワーから「ロングバージョンを観たい」という需要が高まっていたこと。もうひとつは、アメリカに住む親戚とせっかくつながることができたのに、トランプ政権下のアメリカでTikTok規制の動きが出たことにより、それが途絶えてしまう不安が生まれたこと。

そして、決定打となったのは高校時代からの友人の言葉でした。

このころ、僕は「カメラの前であればおじいちゃんとコミュニケーションが取れる」という自分自身に気持ち悪さを感じていました。

今でこそ撮影とは関係なくおじいちゃんと会話できていますが、当時は完全に撮影ありき。理由がないとまともに接することもできない自分に、嫌気がさしていました。

「良い人と思われたい」という承認欲求の塊。さらに撮影という動機がないとなにもできない。しかも、収益化までしようとしている……。

そのとき抱えていたモヤモヤを打ち明けると、友人にこう助言されました。

「別にいいじゃん！　芦名らしくてキモイから！　過程がどうであれ、結果おじいちゃんと話せているわけだろ？　今まで会話なんてなかったのに。おじいちゃんもうれしくて、お前も満たされる！　結局、ふたりとも得してるんだよ！　しかも、収益化できたらおじいちゃんのためにもなるじゃん！」

僕をよく理解している友人の言葉に、僕は納得。翌日から、YouTubeを始動させました。

自分の性格を踏まえると、あのとき撮影をやめていたらおじいちゃんとのコミュニケーションもなくなっていたと思います。

あのとき違う選択をしていたら、今のような関係は構築できていません。動機はどうあれ、重要なのは結果だなと実感しています。

YouTubeを始めて分かった！僕の変化と視聴者さんのサポート

日常的にYouTube用の撮影をするようになり、僕は自分がどんどん変わっていくことに気付きました。

大きく変わったのは、表情と言葉遣い。撮られているという意識から、以前よりニコニコ話すようになりました。投稿開始当初の動画を観ると、今の僕とはまったく表情が違うので驚くかもしれません（笑）。

徐々に撮影以外でも変化が起き、最近は後輩からも「顔つき優しくなりましたね」と言われるようになりました。以前の僕はギラギラしていたし、背も高く無表情。いつも眉間にしわを寄せていて、けっこう怖かったと思います。

撮影を機におじいちゃんといることが増え、僕はシンプルに「おじいちゃんと過ごすのが楽しい」と思うようになりました。素直にそう思えるようになったころから、少しずつ普段の自分も変わっていったように感じます。

自分の変化を確信したのは、おじいちゃんが脳梗塞で倒れたあとでした。

そのころ、僕は1か月ほど動画更新をお休みしたのです。実は「休む」と決めたとき、「またおじいちゃんと話さなくなるんだろうな」と思っていました。

でも、撮影しなくてもまったくコミュニケーション量が減らなかったのです。撮影と関係なく、普通におじいちゃんの食事を用意している自分がいました。

このとき、僕とおじいちゃんの結びつきがギュッと強くなったように思います。

フォロワーさんからのコメントは、人生の先輩からのアドバイス

YouTube投稿を続けていると、視聴者さんのおかげで「選択肢が増えた」と思うことが多くあります。

僕は、YouTubeでは虚勢を張らずすべてをお見せするようにしています。抱えている悩みや疑問を素直に吐露することで、視聴者さんからも具体的なアドバイスをいただけていると感じます。

例えば、脳梗塞でおじいちゃんが倒れたとき。MRIを撮るという選択肢は、視聴者さんが与えてくれたものでした。車いすのレンタルや手すりの設置なども、視聴者さんのアドバイスがきっかけで実行できたことです。

また、視聴者さんに圧力鍋をオススメされて悩みが解決したこともあります。

当時、僕はおじいちゃんに「ニンジンが硬い」と言われることに大きなストレスを感じていました。一生懸命おじいちゃんのために料理をするのに、どうしてもニンジンが硬い。「味は良いけど、硬いなぁ」。

頻繁に言われるので、料理することも嫌になってきました。

この悩みを動画で共有したところ、オススメされたのが圧力鍋です。

さっそく使ってみると、ニンジンがホクホクに！　美味しい肉じゃがができて、おじいちゃんからも好評。炊き込みご飯も美味しいし、豚の角煮もトロトロ。カレーも一瞬でできます。今では、すっかり圧力鍋の虜です（笑）。

おじいちゃんの食事をつくるにあたりもっとも気にかけている「柔らかさ」が簡単にクリアできるようになったことで、料理も楽しくなりました。

心ないコメントに傷付くこともありますが、助けられることのほうが圧倒的に多いと断言できます！　僕の悩みに対し「こういう手もありますよ！」と教えてくれる人の多くは、介護の経験者。僕にとっては、人生の先輩が支えてくれているような感覚です。

視聴者さんのおかげで、おじいちゃんとの暮らしで「しんどい」と思うことはかなり減りました。心配事が起きると辛くなることもありますが、それ以外は楽しく暮らせています！

リハビリでは得られなかった視点をゲット

YouTubeがきっかけで、とある先輩芸人から意外なアドバイスをもらえたことがありました。

あるとき、突然芸人の先輩が「お前のYouTube観てるよ」と話しかけてくれたのです。先輩は以前おじいちゃんの介護をしていたことがあり、僕のことも気にかけてくれていました。先輩のおじいちゃんは「長い距離は歩けないけど、階段を上ることはできる」という状態で、よく公園で鉄棒を使ったスクワット運動をしていたとのことでした。

運動＝散歩という選択肢しかなく、長距離を歩けないおじいちゃんにどう運動してもらうかを悩んでいた僕に対し先輩が「お前のおじいちゃんも同じような状態だと思うから、スクワットしてみたら？」とアドバイスしてくれたのです。

リハビリでは得られなかった視点だったので、僕にとっては大きな発見でした。

運動の選択肢が増えて本当に助かったし、おじいちゃんも飽きずに運動できて喜んでいます。コメント以外にもこうやって直接アドバイスをいただけることもあって、動画を続けるやりがいを感じられています。

矯正器具の劣化　替えどきが分からない！

YouTube動画を観た視聴者さんが、僕より先におじいちゃんの異変を察知していたことがあります。

ある時期、おじいちゃんの歯ぐきから血が滲むようになりました。入れ歯が古くなり、金具が歯ぐきを傷つけていたのです。めちゃくちゃ痛そうでしたが、おじいちゃんは「大丈夫」と言っていました。

おじいちゃんからの申告がないため、僕が気付けたのは血が出ていたから。でも、この時期のコメントを見ると「入れ歯がカチカチしてませんか？」と指摘をしてくれていた方がいました。

また、知らない間にメガネの度数が全然合わなくなっていたこともあります。というのも、おじいちゃんがメガネをつくったのは20～30年前。どんどん視力が低下していたのですが、おじいちゃんは「見えている」と言うのです。実は見えていないなんて、思ってもいませんでした。

結局、おじいちゃんが転倒してメガネを壊すまでは「見えていない」ことに気付くことができませんでした。分かったのは、新しいメガネをかけたおじいちゃんが「テレビが見える！」と言い出したとき。実はこのときも、フォロワーさんから「メガネの度数、合ってますか？」というコメントが来ていました。

見る人が見れば分かるけど、素人にはなかなかこういった変化は分かりません。入れ歯やメガネ、そして補聴器などの矯正器具は、当事者の自己申告がないとなかなか替える機会が分からないのです。

矯正器具の替えどきの難しさを実感するとともに、「なにかが起きないと替えないものなんだ」ということにも気付かされました。

おじいちゃんに芽生えた、人気者の自覚⁉

最近は、おじいちゃんも自分の知名度が上がっていることを自覚しています。外食に出かけると、たまに視聴者さんに遭遇し「写真撮ってください！」と言われるのです。こういうときのおじいちゃんは、「なんで俺のこと知ってんだ？ あの動画か？ 俺は人気者だな〜」という反応。

また、デイケアサービスのスタッフさんが「観ましたよ」と声をかけてくれるそうで、そう言われた日は「今日もテレビに出てたって言われたよ。人気者だな〜」と報告があります（笑）。

こういったやりとりの一つひとつが、おじいちゃんにとっても良い刺激になっているようで、これも元気の源になっているのだと思います。

99歳おめでとう！ 山梨珍道中

2022年9月、おじいちゃんは99歳になりました。

99歳は「白寿」と呼ばれ、長寿を祝う節目のひとつ。もちろん、僕らも盛大にお祝いをしました。

誕生日の翌日、9月8日に僕が家に戻るとひ孫たちが大集合！ 花束やタオル、お菓子、ケーキなどのプレゼントを渡していました。

ひ孫たちには動画に出てもらってるし、こんなに用意してもらってありがたいと思い、僕はお花やケーキ代のつもりでお金を払おうとしたのですが、きっぱり断られてしまいました。話を聞くと、このプレゼントはひ孫たちがお小遣いを切り詰めたり、バイト代を貯めたりて用意したもの。だからこそ、お金は受け取れないというのです。

その話を聞いて、僕は感動してしまいました。

僕が中高生のころ、おじいちゃんにプレゼントをあげたことなんてなかったからです。ましてや、自分のお小遣いを切り詰めたり、バイト代を貯めたりするなんて。同時に、「お金を渡す」という自分の下世話な行動も反省しました。

プレゼントの背景がおじいちゃんに伝わっていたのかは分からないけど、おじいちゃんはお祝い一つひとつに大喜びしていました。

2023年の9月でおじいちゃんはついに100歳になります。百寿のお祝いも大切にしたいと思っています。

入念に準備し、いざおじいちゃんとふたり旅へ！

99歳の誕生日、僕も気合を入れてプレゼントを用意しました。

それは、おじいちゃんと僕で行く、山梨ふたり旅！

おじいちゃんを旅行に連れ出すにあたり、僕は入念に準備をしました。楽しいはずの旅行で、事故を起こすわけにはいきません。

まず意識したのは、旅行日程の調整。自律神経の働きが衰えて体温調節がしにくい高齢者にとって、寒さは命取りです。あらかじめ旅行日を決めるのではなく、「天気予報を見て、気温しだいで直前に宿を予約する」という手法をとりました。

しかし、なかなか僕の仕事と気候のタイミングが合いません。結局、誕生月である

9月、翌月の10月は日程が合わず、気づけば11月に。あわや日程調整失敗かと思いましたが、2日だけ気温が高くなる日を発見！

前日に予約した結果、その日はダウンを脱がないと暑いくらいの気温に。まったく寒さを感じないで旅行ができました。

次に意識したのは、おじいちゃんの体力づくり。

実はこの時期、おじいちゃんは脳梗塞の後遺症を引きずっていました。食事量も減っていたため、なかなか体力が戻らなかったのです。

「旅行に行こう」という計画は退院直後からあったので、僕は意識しておじいちゃんを散歩に連れ出していました。また、家でできる筋トレを頻繁にやるなど、しつこいくらいにおじいちゃんを鍛えていたのです。

結果、少しずつ体力が回復。散歩や筋トレで疲れたことで食欲も刺激され、良い相乗効果になっていたのではないかと思います。

そして、なによりも気を配ったのは当日のスケジュール管理。
おじいちゃんは、毎日お昼寝の時間が決まっています。おじいちゃんを疲れさせないためには、いつも通りの睡眠時間を確保することが必須。そう考えた僕は、予行演習として近場のドライブに連れ出しました。

車に乗って、どのくらいで寝るか？　何分くらいで起きるのか？　おじいちゃんの睡眠タイミングを細かくチェックし、脳内で何度もシミュレーションをしました。
車に乗って何分後にトイレ休憩をするべきか、何時間以内に宿につくべきか、もっとも負担がかからないであろうスケジュールを組み立て、それを実行。結果、ほぼシミュレーション通りに進めることができました。

ラッキーだったのは、ほとんど渋滞がなかったこと。予定通り山梨入りし、ちょうどよく目覚めたおじいちゃんは車窓から紅葉を楽しむ余裕もありました。

旅館のホスピタリティに感動

宿泊したのは、山梨県にある「ふふ 河口湖」。すべてのお部屋から富士山を一望でき、そして全室露天風呂が付いています。大浴場に連れて行くのは危険なので、お風呂が部屋に付いていることは必須条件でした。

かなりの人気宿で、普通であれば前日に予約することはできません。僕が連絡したときはたまたま直前キャンセルが出たらしく、予約できたのはかなりの幸運でした。そして驚いたのが、宿のホスピタリティ。

夕食の際、なにも伝えていないのに白寿のお祝いとしてポストカードをいただいたのです。「高齢のおじいちゃんと行く」ことは事前に言っていましたが、年齢までは言っていませんでした。予約時に入力した生年月日を見て、気を利かせてくださったのだと思います。

余談ですが、この山梨旅もある意味サプライズです。おじいちゃんには前々から「今度旅行に行くよ」と言っていましたが、すぐ忘れてしまいます。なので、おじいちゃんにとっては当日言われたようなもの。「これから行くよ！」と伝えると、かなりびっくりしていました。

時には介護者にもご褒美を！

ホテル到着後のスケジュールも、僕は入念に組み立てていました。

部屋に入ったら、まずはお風呂。かけ湯とシャワーで身体を温め、マッサージをしてお昼寝。暖かい日とはいえ湯冷めが心配なので、部屋の温度もマックスに。

ふかふかの布団がうれしかったのか、足の裏で肌触りを楽しんでいたのが可愛くて最高でした（笑）。

ちなみに、おじいちゃんのお昼寝中は僕のご褒美タイム。サウナに入って心身を整え、コーヒー牛乳を飲み、ゆっくり一服。ひとりの時間を十分に楽しみました。介護生活でのこういうご褒美の時間は本当に大切だと実感しました。

旅行中、おじいちゃんのテンションがもっとも上がったのは露天風呂に入ったとき。僕も一緒に湯船に浸かり、ふたりで富士山を眺めながらいろんな話をしました。

このとき、おじいちゃんは「シンイチ（僕の父）とはこんなことできなかったなぁ～」とポツリ。亡くなったお父さんのかわりに、親孝行ができたのではないかと思っています。

基本、前向き！ おじいちゃんの新たな一面

YouTubeを始めてから知った、おじいちゃんの意外な一面があります。それは、意外と自分の動画映りを気にしていること。

おじいちゃんはいつも同じ服を着ており、あまりファッションにこだわりがありません。ただ、撮影を始めようとすると「毎日同じの着てる人だって思われないか？」と服装を気にし始めるのです。

実は、「カッコ良く見られたい」という思いがあるようです（笑）。

ただ、おじいちゃんをよく観察していると気付くことがあります。それは、おしゃ

れに興味はないけど、謎のこだわりがあるということ。

例えば、やっちゃんが3着シャツを買ってきたとしても、そのうちの1着しか着ないということがよくあります。僕が誕生日にプレゼントしたシャツも、一度も着てくれていません。

そうかと思えば、紫と黒の、バンドマンが着るようなシャツを気に入って着ていたこともあります（笑）。


ちなみに、おじいちゃんは気に入ると壊れるまで使い続けるタイプ。

最近まで履いていたナイキのスニーカーは、兄が7、8年前に買ってあげたもの。さすがに壊れてしまったので、僕が新しくニューバランスのスニーカーをプレゼントしました。


靴の話で思い出したことがあります。それは、僕ら兄弟は高校時代、おじいちゃんに革靴を手入れしてもらっていたということ。当たり前のように、おじいちゃんが磨いてくれていた姿が浮かびます。今考えても、おじいちゃんが僕たちにしてくれたことはたくさんあって、全部思い出せないほどです。

おじいちゃんがユーチューバー化!?

YouTubeの撮影がきっかけで、「おじいちゃんを変えてしまった！」と思った出来事があります。

食事風景を撮影中、おじいちゃんに「メニューを紹介して！」とお願いしてみました。すると、おじいちゃんは料理の入った器を持ち上げ、カメラに向かって「こちらの肉じゃがは……」と説明し始めたのです。

それを見て、僕はドキッとしてしまいました。まるでユーチューバーのように、おじいちゃんが画角や光の加減を意識しているように思えたからです。僕は自然な様子を撮影していたつもりでしたが、僕が思っていた以上におじいちゃんは「撮影」を意識していたのかもしれません。

99歳のおじいちゃんを、現代風に変えてしまった……。ちょっと複雑な気持ちになりつつ、おじいちゃんの順応性にも驚きました。

しんどい出来事も、YouTubeのおかげで「良いネタ」に

現在、僕の収入はほとんどがYouTubeの収益で成り立っています。このおかげでおじいちゃんと旅行に行ったり美味しいものを食べたりできています。ただそれ以上に、YouTubeを始めたことのメリットを感じています。

僕はYouTubeがあるからこそ毎日をおもしろがりながら過ごせています。

例えば、おじいちゃんがなにかミスをしたとします。以前であればイライラして怒ってしまったかもしれませんが、今はYouTubeがあるからこそ「良いネタ撮れた！」と思考を方向転換できます。

YouTubeがなかったら、とっくの昔に限界が来ていたかもしれません。

普段だったらイラっとすることも、エンタメになる。僕がストレスで疲労困憊したとしても、フォロワーさんからの励ましの言葉やアドバイスが大きな原動力となります。

よく、「介護頑張ってるね」と言っていただくことがあります。

でも、現時点で僕に「おじいちゃんを介護している」という自覚はいっさいありません。「おじいちゃんへの恩返し」という感覚もなく、ただ日常生活を送り、その様子を発信しているだけ。

それでも、いろんな方に「介護頑張ってるね」「すごいよ」と言っていただける。僕的には、なにも頑張っていないのに褒められている状態。ラッキーです！

たぶん、今は僕にとってすごく良い状態なのだと思います。自然に楽しく生活しながら、いわゆる「介護」をしている。料理もできるようになりました。そして、僕らの様子を観た視聴者の皆さんが、笑ったり癒やされたりしている。

楽しくやれているので今はとても幸せなのだと思います。だからこれからも、おじいちゃんとの日々をどんどん発信していこうと思っています。

ヒロキおじいちゃん歴史写真館

おじいちゃんの青年時代の写真。入隊し、満州に派遣されていました。ただ、辛い記憶が多いらしく、戦争時代の話はあまりしたがりません。

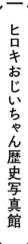

おじいちゃんは27歳で自分の家を建てました。この家はおじいちゃんにとっての宝物。家で撮った写真が多くあり、今でもこの家で僕と暮らしています。おじいちゃんは後列の一番左。

前列左から2番目がおじいちゃん。

国内旅行によく行っていて、写真もたくさん撮っています。「旅行が趣味なんだよね」と話しかけると、照れ隠しなのか「いや～、ただ職場の同僚にススメられたから」と答えます。

僕は生まれたときからずっとおじいちゃんと一緒に暮らしています。子どものころは兄（後列右）ともどもにおじいちゃんにいろいろ面倒を見てもらいました。

僕の父が羽田空港で働いていたこともあり、おじいちゃんによく空港へ連れて行ってもらいました。右側で手をつないでいるのが僕です。

僕の父や母、そして祖母の元気だったころに撮った家族写真。
（後列左から）母、父（前列左から）おじいちゃん、僕、兄、祖母。

元気の秘訣とケアのアイデア

寒い時期や雨の日など一日中家にいるときは、足の筋肉が衰えないようベッドを使って足のストレッチをしています。

家で歩行練習をするときは、ズボンの後ろの部分を写真のように持ってあげると、身体の軸が安定して動きやすくなるようです。

日常生活でおじいちゃんに守ってほしいことは、紙に書いて見える位置に貼っています。ポイントは「○○は秀介がやる」と僕の名前を書いて伝えること。誰かのためにこうしようという思いがおじいちゃんの意識に強く働いて、ちゃんと実行してくれます。

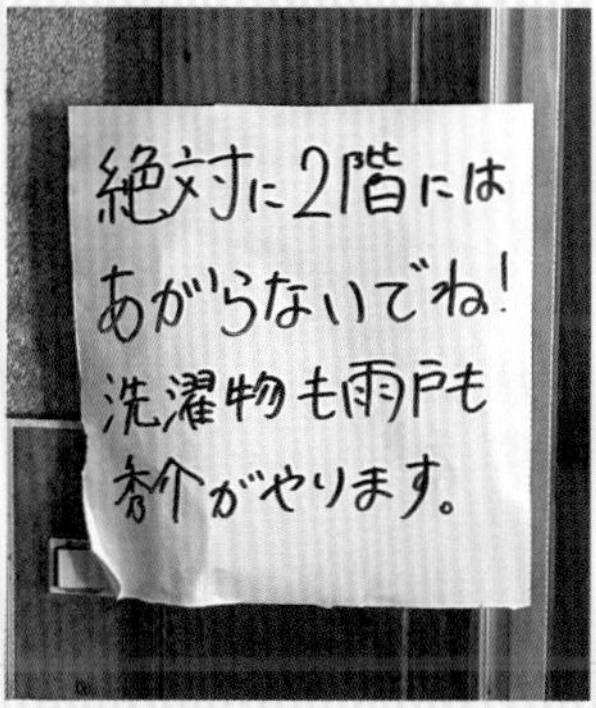
絶対に2階には
あがらないでね!
洗濯物も雨戸も
秀介がやります。

おじいちゃんが倒れてからは、玄関のポーチ部分に手すりをつけました。

天気の良い日はおじいちゃんと一緒に公園に出かけて筋トレをします。 歩行練習やスクワットも鉄棒を活用すればバッチリ。 季節の移ろいなども感じられ、 公園はリハビリに最適な場所です。

第4章

＼介護士芸人うっちーと対談！／

こんなときどうする？
介護のQ&A

お笑い芸人 内田うっちー

吉本興業所属のお笑い芸人。介護福祉士の資格を取得しており、SNSで発信している「介護士あるある」のネタが話題を呼んでいる現役介護士でもある。「あしなっすの1週間」にも時どき登場。ヒロキおじいちゃんとの会話を楽しんだり、介護についての疑問や悩みにも答えてくれる頼れる存在。

いか分からなくなっていた僕にとって、うっちーが与えてくれた数々の選択肢が本当にありがたかった! マジで、神様みたいに見えました（笑）。

うっちーは、うちに来てくれたこともあります。退院後、おじいちゃんは表情が硬くなり、あまり笑顔を見せなくなりました。「どうにかおじいちゃんを笑顔にしたい」そう思った僕は、うっちーを頼ったんです。

うっちーは、介護士の知識を生かしおじいちゃんといろんなゲームをやってくれました。そこで久しぶりにおじいちゃんの笑顔を見れて、すごく安心したのを覚えています！

とにかく、うっちーは僕にとってかなり頼りになる存在！ 後輩だけど、本当に信頼しています！

おじいちゃんがきっかけで深まった、僕とうっちーの関係

うっちーは、吉本興業の後輩芸人。僕より2年後輩で、介護士としても働いている「介護士芸人」です。何度か僕のチャンネルにも出てくれているので、YouTubeを観てくれている人にとってはお馴染みの存在だと思います。

僕らの距離が縮まったのは、完全におじいちゃんがきっかけ。元々は1回一緒にメシ食ったことあるかな～くらいの関係性で、あんまり喋ったこともありませんでした。「誰かとコラボしてみたいな」と思ったとき、声をかけたのがうっちー。せっかくコラボをするなら、自分にもなにか学びがあると良いなと考えたんです。

コラボをお願いしたのは、僕がかなり精神的に参っていた時期。おじいちゃんが脳梗塞で倒れた後で、認知症の症状が急激に出始めていたころでした。僕も初めての経験ばかりで、ストレスのあまり記憶を失ったこともあるし、発狂しそうになったことも……。
そんな僕を救ってくれたのが、うっちーだったんです。

コラボした動画で、僕はそのとき抱えていた悩みを一つひとつうっちーにぶつけました。すると「そういうときはこうするのが良いですよ」と、どんどん解決策を教えてくれたんです。どうしたら良

どんなに好きでも、お餅や揚げ物は食べさせちゃダメなの？

YouTubeに食事の様子を投稿すると、よく「こんなの高齢者に食べさせちゃダメ」ってコメントが来るんだよね。僕的には、本人の好物だったら食べさせてあげたいんだけど。うっちーはどう思う？

僕個人の見解ですけど、ご高齢の方に「これは食べちゃダメ」って禁止するのはけっこう酷だと思うんですよね。介護施設では皆さんを守るためにも食べさせてはいけないものが決まってますけど、自宅では好物を食べて良いと思います。お酒でも揚げ物でも、飲み食いして良いんじゃないですかね。

うちのおじいちゃんは、お餅も好きなんだよね。

確かに、お餅は危ないですね。特に、中にあんことかの具材が入ってないガッツリしたお餅が一番危ない。だから十分注意してほしいですね。もし高齢者が「食べたい」と言ってきたら、小さく切ってひとつずつゆっくり食べるようにしてください。

普通に正月に食ってたな……。

すごすぎますよ（笑）。あと、厚めのステーキ肉とか、噛みきりにくいものも要注意ですね。

ステーキ屋行って、普通に食ってるんだよな……。

ありえないです（笑）！　でもまぁ、もちろん周りが気を付ける必要はあるけど、食べられるなら食べて良いと思います。芦名さんのおじいさんを見ていると、ちゃんと噛んで飲み込むことができてますもんね。それができていれば大丈夫。ご高齢になると、人によっては飲み込むこと自体が難しくなるんです。

お茶とか水を普通に飲めてるうちは大丈夫なのかな。飲み込む力が弱くなると、とろみを付けないと水も飲めないって聞いたことがある。

そうそう。とろみを付けないと、気管や肺に入ってむせやすくなるんですよ。それがきっかけで命にかかわる事態になることもあるので、気を付けないといけません。芦名さんのおじいさんは、今のところしっかりゆっくりと噛めてるので、すごいなと思って。飲み込めない方は噛む力も弱まっていて、喋ることも難しかったりするんですよね。

なるほど。顎の筋肉が弱まってるから、飲み込めないだけじゃなく噛んだり喋ったりも難しいんだ。

そうです。ハキハキ喋れないから、ちょっと会話が伝わりづらくなっちゃうんですよね。ただ勘違いしてほしくないのは、芦名さんのおじいさんが〝普通〟ではないってこと（笑）！　元々のポテンシャルもあるでしょうし、体力も会話もあのレベルを99歳まで保てているのはほんのひと握りですよ。

うっちーは、ずっとおじいちゃんのこと「普通じゃない」って言ってるよね（笑）。

マジで普通じゃないです（笑）。だから、そのまま参考にしないでほしいですね。動画を観て、「私たちも家族とこんなふうに過ごさないといけないんだ」みたいな感覚に陥る方もいると思うんです。でも介護の状態や環境はそれぞれ違うので、動画の様子を軸に考えないでいただきたい！

おじいちゃんのポテンシャルが高すぎるってことね。

そうですね。おじいさんの元気レベルが高いからこそ、芦名さんも一緒に住めていると思うんです。もし歩いたり食べたりすることの難しい方だったら、芦名さんもさすがに、今のような生活はできていないですよね？

脳梗塞で倒れて退院した直後はひどかったね。認知症の症状も出ていたし、介助しないといけない場面も多いし、精神的にも体力的にもかなり大変だった。

そうですよね。だから動画を観て「これが普通だ」とは絶対に思わず、どんどん施設を頼ってください！「家族だから」という理由でなんでも背負い込まず、介護サービスを使ってほしい。それは絶対に伝えたいですね。

99歳でも元気！　おじいちゃんの健康の秘訣って？

うちのおじいちゃんって、本当に元気だよね。なにが健康の秘訣なんだろう？　若いころに運動が好きで、ムキムキだったからかなぁ。俺の記憶だと、70過ぎまで腹筋割れてたんだよな（笑）。おじいちゃんは腰も曲がってないし、すごいよな。俺、自分がおじいちゃんになるの超こえぇもん！　190cmもある腰曲がったおじいちゃん、世話するのたいへんだよな。

僕も185cmあるんで、怖いです！　やっぱり、大きい方は介助するのも大変なんですよ。介護士ふたりがかりです。でも、それこそ「好きなものを食べている」のは健康の秘訣なんじゃないですかね。それが生きがいのひとつになっ

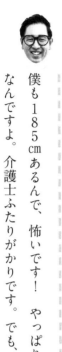

てるんじゃないかなって思います。

おじいちゃんは、甘いものが大好きなんだよ。ご飯食べて「お腹いっぱい」ってなっても、お菓子は食べるんだよな。この前、1日でどら焼き6個も食べたんだよ。メシは残したくせに（笑）。

すごい（笑）！　しっかりたくさん食べられることって、本当に大事なんですよ。施設でも、食べなくなった方から弱っていきます。

やっぱりそうなんだ。

好みではないものを出されて「美味しくない」と思うことが続くと、食べること自体が嫌になりますよね。食べなくなって、だんだん弱っていって……というパターンは、けっこう多いと思います。これは介護士ならではの感覚かもし

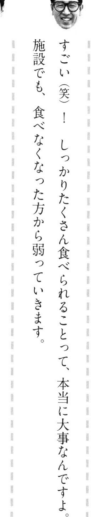

れないのですが、今まではちゃんと食べていたのに、体調を崩したことがきっかけで食べなくなる方がいるんですよ。そういう方はもしかしたら「腹をくっているのかな」と思うことがあります。「もう生きなくていいや」って決めて、断固としてメシを食わなかったりするんです。僕らが手伝って口に入れようとしても、頑なに首を振って食べない。

それ、おじいちゃんもあったわ。

そうなんですか！　脳梗塞で入院したあとですか？

そうそう。退院後、家で食事をしていても「もういいんだ」「もう食べさせないでくれ」って言われることがよくあって。「そんなこと言ってたら死ぬぞ！」って、怒っちゃったこともある。

やっぱり、ありますよね。でも乗り越えられて良かったです！ 食事は本当に大事だし、美味しいと思えるものを食べられてるって健康に直結しますからね。

この前なんて、ウナギの特盛頼んでご飯もしっかり食べてたよ（笑）。退院後メシを食わなくなった時期は急激に痩せちゃったけど、今は肉付きも良くなってきた。

退院後、なにか心がけたことはありますか？

いろいろあるけど、俺がこだわったのはおじいちゃんの服装だね。どっか出かけるときも、寝るときも、入院中を思い出してほしくないなって。病院を思い出すような服は全部捨てて、新しいのを買った！ 一緒に過ごす俺も、明るい服着てくれてるほうがテンション上がるしね（笑）。

良いですね～。タバコやお酒を続けながら長生きする方もいますし、健康の秘訣はいろんなパターンがありますよね。パチンコがめっちゃ好きで、「パチンコに行きたい！」が生きがいで長生きする方だっていますし。なにが健康につながるのか、人それぞれですね。

個人的に、「年寄り扱いすんな！」って人ほど元気なイメージがある。

うんうん、確かに。プライドを保っているのも大切そうですね。諦めた人から衰えていくというか。なにごとも、諦めないことが大事ですね！

ウンチのかけらが床に落ちてる！これってどういうこと？

あのさ、おじいちゃんのパンツによくウンチが付いてるのよ。漏らしてるわけじゃないのに。これってよくあることなの？

よくありますね。拭き残しだと思います。僕らの世代だったら、拭けてるかどうかってわりかし分かるんですけどね。高齢者の場合、自分では拭いているつもりでも、感覚が鈍ってくると残ってしまうことがあるんです。

なるほどね。あとさ、ウンチのかけらが落っこちてることもあるのよ。これはなに!?

どこに落ちてるんですか？

トイレや部屋の床。チョコレートみたいな感じで、床にポロポロ落ちてて。拭き残したモノが落ちちゃったのかな？

そういうこともあると思います。あと、完全に全部出し切っていない状態で拭いてる可能性もありますね。

あー、はいはい！　ウンチをしている途中でね。

自分ではこれ以上出る感覚がないから拭いちゃうけど、実際はもっと出ていることがあります。施設でも、「もう出ない」となってから2、3回ウンチが出ることがありますね。それに気付かず途中で拭いたモノが、床に落ちちゃってる

んでしょう。でもトイレなら分かるけど、部屋に落ちてるのは分からないです（笑）。

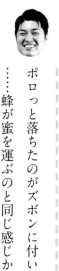

ポロっと落ちたのがズボンに付いて、それを部屋に持っていっちゃったのかな。……蜂が蜜を運ぶのと同じ感じか！

良いふうに言いますね（笑）。

あと、トイレでおしっこして、戻ってソファに座ったときにちょっと出ちゃうこともあるのよ。

それもよくありますね。座っておしっこして、立ち上がった瞬間に出ちゃうこともあります。座ったり立ったりすると瞬間的に足とお腹にグッと力が入るので、自然と気張ってしまうんです。

なるほどね～！

だから、それは高齢でなくとも起きうる現象だと思いますよ。

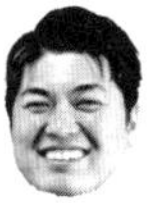

謎が解けたわ。ありがとう！　ちなみに、ウンチが落ちちゃうことに対して家でできる対策ってある？

究極は、ウンチが終わったあと見てあげることですね。最終形態は、僕たちが施設でやっているように、介助者側が拭いてあげること。それ以前の対策だったら、トイレットペーパーじゃなくウェットティッシュを使うことですかね。

それやったことあるんだよ！　でもウェットティッシュは、おじいちゃんの手にウンチが付いちゃってダメだったんだよね。

なるほど。じゃあ、濡れタオルを使っても良いかもしれないですね。ウェットティッシュよりも厚いので拭きやすいし、拭く感覚も分かりやすいんです。元々、お風呂上がりには皆さんタオルで身体を拭きますよね。その感覚が身体に残っているので、タオルの扱いも慣れてますし。施設でも、自分で拭ける方には濡れタオルを渡すことがありますよ。もしウンチが手についてしまっても、そのまま拭けるので便利です。施設だと、お手洗いに行くときは必ず付き添います。中まで入らないとしても外で終わるのを待って、「拭けましたか？」って様子見たりしますね。

1回、介護施設の見学行ってみたいわ。

良いですね！　自宅でも参考にできることがあると思いますよ。

チンチンが臭い！　介護の現場では洗わないの？

下の話が続いちゃうんだけど、俺、おじいちゃんのチンチンのにおいを嗅いだことがあるのよ。

え……!?

そしたら、マジで臭くて。臭すぎて笑っちゃったよ。

普通そんなことしないですよ……。

なんか、バグっちゃってさ（笑）。興味がわいて嗅いでみた。ここに汚れが溜まって臭くなるって、介護学校では習わないの？

僕も介護の専門学校で教わってはいたものの、実際どれだけ汚れが溜まるのかは現場に出てから知りました。しっかり剝いて洗ってあげないとダメだって。尿路感染っていうんですけど、チンチンを清潔にしないとばい菌が入って高熱が出たり腫れたりすることがあるんです。自分で洗っていただけるのが一番ですけど、できない方だったら僕らが洗ったほうが良いですね。

俺らは男だから、汚れがどれだけ溜まるのかって自分の感覚で分かるよね。だから俺も気付けたわけだけど、女性の担当者だと身体の構造が違うし、学校で習ってないなら分からないんだろうな。前にさ、「病院から戻ってきたら、おじいちゃんのチンチンにカスが溜まっていて臭かった」って動画でも話したことがあるんだよ。そしたら、コメントでけっこう感謝されたんだ。「私も自宅でお

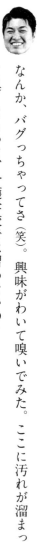

じいちゃんの介護をしてるけど、知らなかったです！」とか、「初めて洗ってみたら、汚れがすごかったです！」とか。

やっぱり、女性だと男性ならではのことは分からないですよね！　でも、逆に男性は知らない、女性ならではのこともあるんですよ。胸のふくらみの下側は汗をかきやすくて、汗疹ができやすいんです。だから洗わないことが続くと、ただれてしまうんですよ。

へ～!!　知らなかった。

そうですよね！　当事者じゃないと分からないことって、意外とたくさんあります。においを嗅ぐのはさすがにあり得ないけど（笑）、介助する際にチェックしてみると良いかもしれないですね。

お風呂の介助をするとき、自分はどんな格好をしたら良い？

おじいちゃんを風呂に入れるとき、前は俺も裸になってたんだよ。でもうっちーに「ちゃんと服を着たほうが良い」って教えてもらったよね。自分だけでは分からなかったから、教えてもらえてありがたかったよ！

それは良かったです！　お風呂で立ち上がるときは介助者の腕を持ってもらうんですけど、長袖の服を着ていたほうが掴みやすいんですよね。

そうだよね。服着てると濡れちゃうし、家族だから裸でいいや！　って最初は思ったけど、実は着る理由があるんだよね。

それから、施設だと自分で立ち上がれない方を介助するときは「お姫様抱っこ」みたいな状態になるんですよ。もし自分も裸だったら、確実に滑っちゃいます。まぁ、そもそも施設で介助者が裸になることはないですけどね（笑）。あと、介助者が服を着る理由はもっとあって。もし転倒してしまっても、ちょっとなにかを摑んでいるだけで身体にかかる衝撃がまったく違うんですよ。万が一、お風呂で芦名さんのおじいさんが滑ってしまったとき、芦名さんも裸だったらとっさに摑めないですよね。

そうだよな。ってかさ、俺は体格がいいからおじいちゃんのお風呂を介助できるけど、身体の小さい方だとけっこうな重労働だよね。

そうですね。同居していると「家族だからやってあげたい」って思うかもしれないけど、少しでも「無理かも」って思ったらすぐに施設に頼って良いと思い

ます。施設に預けるまでいかなくとも、ヘルパーさんに来ていただいて家で入れてもらうこともできますしね。「お風呂に入れるのは難しいけど、頭だけなら洗ってあげられる」とか、やれるラインもそれぞれ違うと思うし。だから無理せず、できる範囲で良いと思います。「どうしても自分でやってあげたい」と思うようであれば、知識のある方に手伝ってもらうとか、やりやすい方法を教えてもらうのも良いと思いますよ。

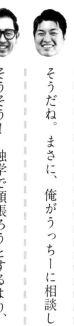

そうだね。まさに、俺がうっちーに相談したみたいにね！

そうそう！　独学で頑張ろうとするより、分かってる人に聞くのが一番効率が良いです。

なにより、無理して事故ったら悲しすぎるもんな。

そうなんですよ。ケガをさせてしまう可能性もあるし、介助している本人がダメージを負うこともあります。介護士でも、入浴の介助で腰をやっちゃう人は多いんですよ！

プロでもそういうことあるんだ！

もっとも最悪なのは、頑張りすぎて自分も身体を痛めて、仕事ができなくなって、収入も減ってしまうこと。そんなどうしようもない状態を避けるためにも、早めに施設やサービスを利用するのがオススメです！　っていうかどんどん使ってください！

「施設を使うのはかわいそう」っていう風潮もあるかもしれないけど、そんなことは気にせずちゃんと利用するべきだね。

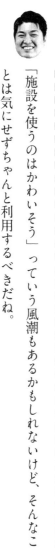

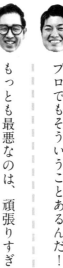

目やにが取れない！　そんなときは
どうしたら良い？

気が付くと、おじいちゃんの目元に目やにがすごい溜まってるんだよね。介護施設では目やにを取る習慣ある？

ありますよ！　だいたい、朝にやることが多いです。歯を磨いて、顔を拭いて、ヒゲを剃る流れで目やにも取ります。目やにって、けっこう取りづらいんですよね。寝起きだと量も多いし、カピカピに固まってるし、なかなか取れない。人の目やにを取ったことのある方なら共感してもらえると思うんですけど、どうしても目をつぶっちゃうから。

分かる〜〜〜!!　めちゃくちゃ分かる！

目を開けた状態でいてくれたらスッと取れるんでしょうけど、反射なのでしょうがない。タオルを近づけるだけでつぶっちゃうんですよね。

そう。しかもさ、目の周りの皮がたるんでるから、隠れちゃってさらに取りにくい！

ですよね。だから「薄目開けてください！」って声を掛けたり、ちょっとグイッとさせてもらったりするんですけど……それでも難しい。

僕の中で、目やにを取りやすい方法が2つあるんだよ。ひとつは、お風呂でシャワーを浴びてると目やにが流れてくるから、それを拭くこと。でも寒い時期は体を拭くだけになるのでシャワーもしてあげられないから、これはシーズンに

よるね。もうひとつは、目薬を差してもらうこと！　目薬をすると絶対に目元に水が溜まるから、そこをティッシュで拭うとキレイに取れる！

なるほど！　目薬を使うのは僕も初耳です。良いですね！

施設ではどんなふうにやってるの？

温めたおしぼりを使うことが多いですね。朝、顔を拭くときにおしぼりをお渡しするんです。それを使って、基本的にはご自身でやっていただくようにしてますね。

まずは自分でやってもらうんだね。

本当は一人ひとり時間をかけて丁寧に取ってあげたいんですけど、施設の朝は

すごく慌ただしくて……。僕が働いているところだと、6時くらいから起こし始めて、1時間~1時間半くらいで着替えなど朝の準備を完了させないといけないんです。

時間制限があるんだ。それだと時間をかけるのは難しいね。

朝食の時間が決まっていますからね。入居されている方が50名弱いらっしゃるので、なかなか難しくて……。

それは大変だ……！

だから、落ち着いている時間に取ってあげたりしますね。芦名さんのアイデアも、参考になりそうです！

高齢者が身体を鍛えるために、オススメの運動とは？

高齢の方にオススメの運動ってある？

その方の状態にもよるので、一概には言えないですね。共通して皆さんにオススメできる運動は、正直言ってないと思います。理学療法士や作業療法士など、専門知識がある方だと「こういう動作が苦手ならこの運動が良い！」と具体的に言えると思うんですけど。

そっか、うっちーは介護士だもんね。確かにそうだよな。この前さ、おじいちゃんがデイケアサービスのお風呂上がりに倒れちゃったんだよ。俺は介護士さん

に対して「知識があるんだから、おじいちゃんが倒れないように対策できたはずなのに！」って思ってた。よく考えたら、すべての分野で知識を持ってるわけじゃないもんね。

そうなんですよ。介護の知識はあっても、医療や運動まで網羅しているわけではなくて……という前提で、お話しして良いですか？

もちろん！

僕は、好きなことをやりながら運動ができることがベストだと思います。例えば、ゲートボールとか。でもゲートボールができる時点で、ある程度運動能力があるんですよね。これまで多くの方の介助をしていて感じたのは、立ち上がりの練習って重要だなということ。つまり、足腰を鍛えることですね。トイレとか、日常の中で立ち上がる動作を使うことって多いんですよ。

確かに。立ち上がる練習して、足腰鍛えるのは大事だよね。

ただ先ほども言ったように、人それぞれ弱い部分は違うので難しいですね。得意・不得意もありますし。

そういえば、うちのおじいちゃんは長い時間歩き続けることができないんだよ。でも足腰鍛えなきゃなと思って、公園の鉄棒使ってスクワットをやってみたら意外とできて。

苦手なことではなく、できることを伸ばしたんですね！

そうそう。だから、おじいちゃんと旅行に行くために体力づくりに力を入れていた時期は、よくスクワットをやってたな。そしたら、歩くときの足運びが改

善されたんだよね。さらに、運動して疲れるから、食欲も出てきて。冬は寒くて公園に行けなかったけど。

スクワット、大事だと思います！　足の力が弱くなると、転倒しやすくなるんですよ。で、歩けなくなってしまう方のほとんどは、足を骨折してしまったことがきっかけになっているので。

確かにね。歩けなくなると、一気に体力も落ちるもんね。

そうなんですよ。芦名さんのおじいさんも、何度か転倒されてますよね。骨折しなくて良かったです。たぶん元々の運動神経が良いので、先に手が出てるんでしょうね。やっぱり、多くの方は手が出ないんですよ。反応できずダイレクトに転んでしまうので、お尻を打ち付けて大腿骨を折って歩けなくなる。そういう意味で、足腰を鍛えるのは多くの方にとって良いと思います。

高齢の方に接するとき、ゆっくりはっきり喋るのが正解なの？

おじいちゃんへの接し方を、もっと丁寧にしたほうが良いのかなと思うことがあるんだよね。うっちーはどう思う？

芦名さんって、けっこうおじいさんにツッコミ入れますよね。「なんでだよ！」とか「おいおいおいおい！」みたいな。僕と喋ってるのと同じようなテンポで喋ってるじゃないですか。個人的には、この気を遣いすぎていない感じが良いと思います。

そうなの？　もうちょっと、おじいちゃんが分かりやすいように寄せて喋った

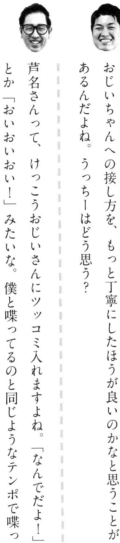

ほうが良いのかなと思ってたんだけど。

芦名さんが聞き取りやすさを意識してゆっくり喋ったりしすぎると、おじいさんがそこに慣れちゃうと思うんです。言葉が悪いかもしれないですけど、「老人扱い」されることに合わせてレベルが下がる可能性があると思うんですよね。

なるほど！

意識してないからこそ、おじいさんも「ちゃんと聞き取ろう」という姿勢ができて良いんだと思います。芦名さんとおじいさんのやりとり、施設では絶対見られない光景なんで新鮮でした（笑）。

そりゃそうだろ！　介護士が俺みたいなツッコミ入れてたら、問題になっちゃうよ（笑）。

僕も、仕事のときは寄せすぎないように意識してるんですよ。声の大きさやスピードだけじゃなく、目を見たり動作を加えたりすることでも伝わりやすくなると思っていて。中には、赤ちゃんと喋るように接する人もいるじゃないですか。一概に良くないとは言えないですけど、僕的には「いやいや、相手は年上だから！」って思っちゃって（笑）。

確かにな。病院で、おじいちゃんに赤ちゃんのように話しかけてくる看護師さんがいたよ。おじいちゃんは耳元で大声出されたのが嫌だったのか「うるさい！」って言ってたけど（笑）。

さすがですね（笑）。あと、おふたりを見ていると「かなり信頼関係ができてるな」って思います。僕がご自宅にうかがったとき、芦名さんが席を外しているところで「いつも孫に世話になってるんだよ。良い孫なんだ」とお話ししてく

ださって。信頼関係があるからこそ、芦名さんもちょっと口が悪いくらいの感じで接することができるというか。普通、家族でもあそこまで言えることないんじゃないかと思うんです。

確かに。でも、ほんとこの1、2年だよ。俺がいないところで「孫に世話になってる」とか話すの。完全にYouTube始めてからだね。

YouTubeもすごく良いと思います。動画に撮られている、つまり「誰かに見られている」という意識が、おじいさんの健康を維持しているというのは少なからずあるかもしれないですね。

それあるかもな。おばさんがうちに来ると、夜ご飯のあとテレビにYouTube映して一緒に観るんだよ。おじいちゃん的にはテレビを観ている感覚だから、たぶん「自分はテレビに出てる人間だ」って思ってるのよ。

この「見られてる」という意識、けっこう大事かもしれないですね。人に会うときと同じように、動画に撮られるときは一段階スイッチが上がるので。

YouTubeで配信するまでいかなくとも、動画を一緒に撮るのはありかもしれないね。あと、動画を撮るようになって一番良かったのは自分を顧みれること。こんなひどい喋り方してるんだ！　とか、飯食うの早すぎるし噛んでない！　とか（笑）。自分の立ち振る舞いを改善できたのも良かったな。

なるほど、それは良い副産物ですね（笑）。

前に、俺がおじいちゃんに怒ってる動画が撮れてたんだよ。それを観たら、やっぱ怖かった。こんなにおっきい人間がおじいちゃんに対して声を荒らげてるって……。でも、おじいちゃんも俺に対して一歩も引いてなかったんだよ。全然

分かってないじゃん！　ってあらためて思って、また腹が立ってきた（笑）。

お互い気が強い（笑）。

でも「俺が怒る前に、なにかやれることがあったんじゃないかな」とは考えたね。人は問題が起きると、普通は「なんでこの問題が起きてしまったんだろう」って考えるよね。でも、それより「問題が起きた根源」を反省したほうが良いんだよ。

どういうことですか？

例えばおじいちゃんが家から出てどこかに行ってしまったとき、以前だったら「なんで出ていくんだ！」って怒ってしまってた。でも「おじいちゃんが外に出ちゃうことは当たり前なんだから、あらかじめエアタグ（紛失防止のタグのこ

と）を付けておけば良かった」っていう考え方にするんだよ。

なるほど。

つまり、問題を根源から捉えることで解決策が生まれるんだよね。俺が先に対策することで、未然に防げることがあるはず！　こう考えるようになって、怒ることは少なくなったな。まぁ、この考え方は、兄貴に教えてもらったんだけどね（笑）。さすが社長だよ！

参考になります！

大切なのは自分が幸せなこと。施設も気軽に活用してほしい

僕からも質問なんですけど、芦名さんはおじいさんと同居していて辛くなることはないんですか？　以前は精神的に参っていたこともあると思いますけど。

うーん。最近はあんまり辛いことないんだよね。飯もよく食べるし、なにより元気だしね。足があんまり上がらなくなってきたなとか心配事もあるけど、それはしょうがないことだし。

しょうがないです！　だって、99歳ですもん（笑）！

そうそう。辛くなることもないわけじゃないけど、最近はだいぶ慣れたというか、受け入れられるようになってきたっていうのが正しいかな。「99歳だし、そりゃウンチも付いちゃうよな〜」みたいな（笑）。

良い考え方ですね！

でも、俺はすごく恵まれた環境なんだよ。支えてくれるおばさんたちがいるのは、だいぶでかいね。だから、介護でしんどい方はどんどん施設を頼って良いと思ってる！

そうですね、そこは皆さんに強くお伝えしたいところです。

あと「外出中におじいちゃんの様子が分からないのが不安」って思ってたけど、見守りカメラを導入したら解決したし。不安に応じて対策できることはしてる

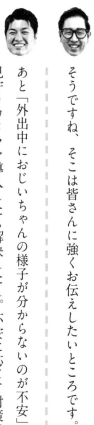

から、辛いことも減ってるのかも。本当に困ってるのは献立かな。料理するの飽きちゃって（笑）。なんか、良い献立ないかな〜。

わー、それは僕なんにも答えられないです（笑）。僕、料理できないんで……。

基本的には料理って楽しいんだよ。この前、テレビ番組の収録で「レンコンを水につけると柔らかくなる」って技を教えてもらって。おじいちゃん硬いもの苦手だからレンコンもダメだったんだけど、それをやるだけで食べられるようになったんだよ！　シャキシャキ感はなくなるんだけど、明太子と一緒に炒めたら「美味しい美味しい」って食ってくれて。

柔らかくなって、食べやすかったんですね！　料理は奥が深いですね〜。

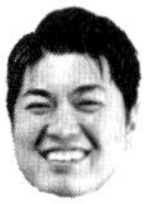

そうなんだよ。いやぁ〜、今日はいろいろ話してくれてありがとう！

こちらこそ、ありがとうございます！　僕も参考にしたいことがたくさんありました。芦名さんも無理せず、なにかあったらまた相談してくださいね！　最後に、ひとつ皆さんにお伝えしたいことがあります。僕は介護士ですけど、自分の親は「介護できない」と思ってるんです。介護は、他人だし仕事だから割り切ってできることが多いんですよ。自分の親は元気な状態を知っているからこそ、衰えていくことを受け入れられないと思うんです。冷静にいられないというか。介護士ですら「自分の親の介護はできない」という人がたくさんいます。だから、しつこく言いますが、お願いできることはどんどん介護サービス施設を頼ってください！

第5章

もうすぐ100歳 おじいちゃんとの未来

どんどん近付いていく、僕とおじいちゃんの距離

おじいちゃんは、行事を大切にしています。

例えば、クリスマス。毎年必ずケーキを食べます。もし用意するのを忘れていようものなら、絶対に「ケーキは？」と聞かれます（笑）。節分は恵方巻を食べるし、バレンタインはチョコレートを食べます。

それから、お正月。毎年、必ず孫やひ孫たちにお年玉を配ります。ひとりあたり1万円渡すので、年始から毎年約10万円が飛んでいきます（ちなみに、僕にも1万円くれます）。だから、毎年秋くらいから出費を気にし始めるのが恒例。年金をやりくりして、僕

たちにお年玉を用意してくれるんです。

行事を大切にするおじいちゃんだけど、僕の誕生日は覚えていません。「今日が誕生日だ」と伝えても、毎年「そうなのかぁ～」という反応。だからもちろん、おじいちゃんに祝ってもらったこともありません。まぁ、親戚多いし、僕の誕生日まで覚えてなくて当然だと思います（笑）。

でも、２０２３年の誕生日は違いました。

僕の誕生日は、2月26日。

「誕生日だし、良いもの食いたいな」と思った僕は、自分のためにちょっと豪華なディナーを用意しました。一緒に食べながら、おじいちゃんに「俺、今日誕生日なんだよ」と伝えると「なにかしてやらなきゃなぁ」という反応が返ってきたのです。

しかし、そのままなにごともなく数日が経過。僕自身も、おじいちゃんが「なにかしてやらなきゃなあ」と言っていたことなど忘れていました。

誕生日から10日ほど経ったある日、おじいちゃんは突然やっちゃんに「秀介が誕生日だから、ケーキを買ってきてくれ」と言いました。なにがきっかけになったのか分からないけど、いきなり「孫の誕生日だ」と思い出したようなのです。

しかも「安いケーキじゃなくて高いの買ってきてくれ」と言うものだから、やっちゃんは人気のケーキ屋さんに30分並ぶはめに(笑)。

僕の記憶では、おじいちゃんが誕生日にケーキを用意してくれたのはそのときが初めてです。人気店なだけあって、本当に美味しいケーキでした。ただ、ケーキを食べたおじいちゃんは「これ、あんまり甘くねぇな」とひとこと(笑)。甘いものが好きすぎる、おじいちゃんらしいオチでした。

自慢の孫になれたかな

人生で初めて、おじいちゃんが用意してくれたケーキ。

なんというか、すごく複雑な感情でした。素直に「うれしい！」って言うのがちょっとこそばゆいというか……。いきなり思い出したのもびっくりだし、うれしさ以上に感動が大きかったのかもしれません。

後輩芸人のうっちーも言っていたように、おじいちゃんは最近、僕のいないところで僕を褒めてくれます。「孫のおかげで元気にやってるんだ」と自慢してくれているみたいなのです。

これまで僕は、おじいちゃんに自慢されるような孫ではありませんでした。

1章でも書きましたが、兄は昔からおじいちゃんにとって「自慢の孫」でした。名門大学に入り、アメフト部で日本一になり、有名企業に就職し、今は社長をやっている兄。アメフトで優勝したときなんて、おじいちゃんは親戚中に自慢していました。

一方、僕は高校を留年し、兄と同じ大学を出たものの、就職はせず芸人をやっている。正直、おじいちゃんにとって「自慢の孫」ではなかったと思います。でも、最近は会う人会う人に僕を自慢してくれるというのがとてもうれしいです。

何歳からでも、人と人の関係性って変えられるんですね。

距離を置くのは悪いことじゃない

僕らのYouTubeには、「自分はおじいちゃんのためになにもできなかった。それを後悔している」というコメントが頻繁に届きます。そういう人にとっては、僕とおじいちゃんの日常がプレッシャーのように感じられるのかもしれません。

でも僕は「普通そうだよ！」と思います。なにもできなくて、大丈夫。僕も表に出していないだけで、嫌な思い、悲しい思いはたくさんしています。祖母のときは本当になにもできませんでした。時にはやりたくないことも、やらざるを得なくてやっていたりもします。ただ、YouTubeがあることで思考を転換できました。

僕は、親や祖父母との思い出が嫌なものになってしまうくらいなら、距離を置くほうが正解だと考えています。実は、兄も「自分が充実した人生を送らないと、かえっておじいちゃんが悲しむ」という考えで、必要以上におじいちゃんに干渉しないスタンスを貫いています。いつでも来られる距離に住み、最低でも2か月に1度は会いに来ています。僕は、それがちょうど良いと思っています。

そして僕自身、意識しておじいちゃんから距離を置くこともあります。

2022年の8月、おばさんたちが揃ってコロナに感染してしまいました。さらにデイケアサービスも閉鎖になり、僕は脳梗塞の後遺症真っ只中のおじいちゃんとふたりきりの数週間を過ごすことに。

このとき、前述したように僕の精神は崩壊寸前。おじいちゃんに手を出しそうになったことも、何度もありました。疲れすぎて記憶をなくし、ストレスで血尿が出たこともありました。

限界状態の僕を見かねて、コロナから回復したやっちゃんに言われたのは「少し休みなさい」ということ。現実逃避をするかのように旅行に出かけ、なんとか僕も元気になりました。

だから、介護で追い詰められる人の気持ちは少なからず分かります。おじいちゃんと楽しく笑い合っているときも、心のどこかでは「今この瞬間に介護で悩んでいる人は、世界にどのくらいいるんだろう」と考えています。

そして、「距離を置く」ことがなかなかできない人がいることも分かっています。僕は「すべてをさらけ出す」と決めているから良いけど、普通は人に相談しづらいことだと思います。

だからこそ何度でも言いたいのは、「介護サービスや施設を頼るのは悪いことじゃない」ということ！　どんどん頼って、できるだけ大切な人との思い出が「嫌なもの」にならない環境をつくってほしいなと思います。

ここでひとつ、僕流の思考転換法をご紹介します。それは、都合の良い「理由付け」をすること。

例えば、ストレスが溜まり、休養のため旅行に行ったとき。人によっては「おじいちゃんを預けて遊びに来るなんて」と罪悪感に苛まれるかもしれません。

でも、僕はこう考えます。

「僕は十分頑張っているのだからしっかり慰労しなくちゃ！　僕が元気になほうがおじいちゃんも喜ぶぞ」と。

自分はストレスにちゃんと向き合っているという理由付けがあるだけで、僕は素直に旅行を楽しむことができます。

これが僕なりの対処法です（笑）。

おじいちゃんの介護で大変に感じることもあるかもしれない。でも今起きている楽しいことは、おじいちゃんのおかげ。

そう考えることで、気持ちが楽になっていくのです。

おじいちゃんと僕のこれから

最近、「おじいちゃんって本当に元気だな」と実感した出来事があります。

それは、デイケアサービスでやった間違い探しゲームでおじいちゃんが10個中8個見つけたというのです。

けっこう難易度の高い間違い探しで、2〜3個見つけられれば上出来というもの。

そもそも、高齢だと〝間違い探し〟という作業すらできない方もいるのだそうです。

それが、おじいちゃんはゲームのルールを理解し、さらに8個見つけ出したのです！

おじいちゃんは、僕が思っている以上にしっかりしているし、元気なのかもしれない。そう思えたのがすごくうれしくて、ここ最近で一番テンションの上がった出来事でした。

100歳の誕生日お祝い計画

2023年9月7日で、おじいちゃんは100歳になります。まさか自分のおじいちゃんがこんなに長生きできるだなんて夢にも思いませんでした。僕の友人や芸人仲間も気にかけてくれていて、「100歳の誕生日のお祝いは、どうするの?」「親戚全員集めたりしちゃえば?」とか、YouTubeのフォロワーさんからも、「100歳の誕生日は、すごいドッキリをするんだろーな!」「世界一おいしい甘いものを食べさせてあげてください!」といったコメントが寄せられ、すごくハードルを上げられています(笑)。

ですが、今のところ、大掛かりなことをするつもりは、一切ありません。なぜなら、おじいちゃんの体力が心配だからです。

とても元気とはいえ、100歳ですから。誕生日当日に親戚を何十人も呼んだパーティーなんて開いたら、優しいおじいちゃんのことなので一日中、周りに気を遣ってしまい、きっと人生で一番体力を使った日になってしまいます（笑）。

また、おじいちゃんの百寿はおばさんの家族だってしっかりお祝いしたいだろうし、僕の兄も家族と素敵なお祝いをしてくれるはずです。

ですから、100歳の誕生日は僕がひとりで頑張っておじいちゃんをお祝いするのではなく、100年間で一番ニコニコが絶えない誕生日月間にすることが目標です。

僕の役目は、周りの人が気持ち良くおじいちゃんをお祝いするためのサポートに徹すること。親戚の人が家に来るタイミングが重ならないように、スケジュールを管理するなど、もうほぼおじいちゃんのマネージャーみたいな役割に徹しようと思っています（笑）！

実は、おじいちゃんとふたり暮らしを始めて、十数年ですが、きちんと誕生日をお祝いするようになったのはＹｏｕＴｕｂｅを始めてから。

誕生日の日に毎年、おじいちゃんに聞くことがあります。

「今年は、どんな年にしたい？」

すると、おじいちゃんは毎年決まってこう答えます。

「もう無理だべ。生きてらんねーべ」

誕生日なのに、毎年暗いことばっかり言っていてすごいネガティブなんです（笑）。

ですが、１００歳の誕生日はちょっと違うかもしれません。

２０２３年の４月にお花見に行ったのですが、そこで「来年もキレイな桜が見たいな～」と言ったのです！　今まで一回も「来年○○したい！」なんて言ったことがなかったので、すごくうれしかったです。

だから僕は、これからも毎年キレイな桜をおじいちゃんと一緒に見るために、ずっとサポートしていきたいと思っています。

「うわぁ〜！」と喜ぶおじいちゃんが見たい！

僕はこれまで、YouTubeで小さなサプライズをたくさん仕掛けてきました。YouTubeで、ドッキリ動画はバズりやすい人気コンテンツ。僕もバズるためには、ドッキリに挑戦したいと考えていました。

ただ、おじいちゃんの場合、本当に驚かせるのは危険。僕のチャンネルでは、おじいちゃんに損をさせるようなことはしないと決めています。試行錯誤の末、辿り着いたのは「おじいちゃんがひとりで結果までたどり着ける」サプライズ。

おじいちゃんに一歩先を予測しながら行動してもらうことで、ハッピーなドッキリになるのではと思ったのです。

特に力を入れたのは、99歳の誕生日祝いに計画した「どら焼きドッキリ」。デイケアサービスから戻ると、食べたかったどら焼きが置いてあるというドッキリです。

①机の上の箱に気付く　②メモを頼りに箱を開ける　③どら焼きに気付く

おじいちゃんが①～③をひとりで実行できるよう準備をし、僕は寝たフリ。箱を開けたおじいちゃんは「うわぁ～!!」と声を上げて喜んでいて、思わず笑ってしまいました。

人を喜ばせるためにここまで準備したのは、このときが初めてだったと思います。

おじいちゃんは、うれしいことがあると素直に喜んでくれます。だから僕もやりがいがあるし、むしろおじいちゃん以上に僕のほうが喜びを感じています。

視聴者さんからも、「幸せな気持ちになった」「感動した」など、よくあるYouTubeのドッキリ動画のコメント欄ではあまり見かけないような温かな意見がたくさん寄せられています。

100歳を超えても、おじいちゃんの人生はまだまだ続きます。いつまでも、おじいちゃんの笑顔を見ていたい。

だから僕はこれからも、みんながハッピーになれるサプライズをたくさん仕掛けていきたいと思っています。

おわりに

ここまでお読みいただき、ありがとうございました。僕の経験談や考え方、そしておじいちゃんの歴史が、少しでも誰かの役に立てていたらうれしいなと思います。

この本を制作している期間、実は2度おじいちゃんに事件が起きました。

まずは2023年1月末。デイケアサービスでお風呂に入った後、急に意識を失い救急搬送されました。倒れた理由は、低血圧だと言われています。数時間後にはケロッとしており、後遺症もなし。

そしてそれから約1か月後の2月末。左足の小指を骨折してしまいました。骨折していることを忘れ、今まで通りトイレや台所に行こうとしました。なかなか意思疎通ができず、僕もだいぶ追い詰められました。

このような事件はあったけど、やっぱりおじいちゃんは今も元気！　持ち前の体力で、驚異の回復を見せてくれました。

本書を制作するにあたり、今までになかった方向からおじいちゃんと向き合うことになりました。どんな子どもだったのか、戦時中はどんな生活をしていたのか、僕が生まれる前はどんな人だったのか……。

聞けば聞くほど、おじいちゃんの新しい顔が見えてきます。一緒にいる時間が長いとついつい「なんでも分かっている」と錯覚してしまいますが、知らないことがたくさんありました。まだまだ、おじいちゃんに聞きたいことがたくさんあります！　これからもおじいちゃんとの日常を発信していくので、楽しみにしていてくださいね。

最後に。常に僕に寄り添い、本書の取材にも協力してくれたやっちゃん。僕を救ってくれた神様的存在で、対談に参加してくれたうっちー。いつもYouTubeを観てくださる視聴者の皆さん。そして、おじいちゃん！　本当にありがとうございました。

これからも、末永くよろしくお願いします！

2023年4月吉日

芦名秀介

おじいちゃんとのふたり暮らしはネタの宝庫です。

YouTubeから贈られたシルバーの楯は仏壇の近くに飾ってあります。

もうすぐ100歳のおじいちゃんにとって、 ひ孫と会うのは一番の楽しみ。
（右から）僕の兄、 兄の娘（おじいちゃんのひ孫）、 おじいちゃん、 僕。

おじいちゃんはまだまだ元気！　これからもよろしくお願いします。

YouTube

芦名秀介（あしな しゅうすけ）

吉本興業所属。2021年、お笑いコンビ「デカダンス」を結成。チャンネル登録者数26万人突破（2023年4月現在）のYouTubeチャンネル「あしなっすの1週間」にて、99歳の祖父との日常を配信。ヒロキおじいちゃんのリアクションがおもしろくてかわいいと話題に。おじいちゃんを喜ばせるためのほっこりとしたドッキリ企画や介護士として働く芸人仲間との実体験に伴う介護トークなどが人気を博している。

YouTube　「あしなっすの１週間」
Instagram　@190cm_ashina

僕《ぼく》のおじいちゃんは99歳《さい》。毎日《まいにち》がサプライズです

2023年5月29日　初版発行
2023年6月30日　再版発行

著者　芦名秀介《あしなしゅうすけ》
発行者　山下直久
発行　株式会社KADOKAWA
〒102-8177　東京都千代田区富士見2-13-3
電話　0570-002-301（ナビダイヤル）
印刷所　図書印刷株式会社
製本所　図書印刷株式会社

●お問い合わせ
https://www.kadokawa.co.jp/（「お問い合わせ」へお進みください）
※内容によっては、お答えできない場合があります。
※サポートは日本国内のみとさせていただきます。
※Japanese text only

定価はカバーに表示してあります。

ISBN 978-4-04-606308-3　C0095